千キロメートル Ⅶ

半ズボンから長ズボンへ

何百もの目に見つめられた私には、パザルの「大通り」が、その名のとおり果てしないように思える。そこに着いたのは、ちょうど金曜礼拝を終えた人たちがモスクから出てくる時間だ。町は礼拝に参加した人たちであふれ返っている。歩道は人でいっぱいなので、通りの真ん中を歩くことにする。身振りをして見せる者も、言葉をかけてくる者もない。私が近づくと、静まり返る。喫茶店や小店から客が出てきて、私をじろじろ見る。ここまで猛烈な暑さのなかを三十五キロ歩いてきた。半ズボンもTシャツも、それから汗で白い縞模様のできた青い布の帽子もぐっしょり濡れている。荷車に乗ったがっしりした男は、いま現れたばかりのこのけったいな男をもっとよく観察しようと馬を止める。自分が触角をはやし、鼻がピコピコ光る火星人になったような気がする。

私をじろじろ眺める人たちの顔は、険しくもなければ、好奇心を表してもいない。ただただあっけにとられている。細かい反応はいろいろだ。子供たちはおかしそうに肘で体をつつき合っている。壮年の男たちは無表情を装おうとしている。老人たちは非難の表情がはっきりと出ている。アマスヤでの一場を思い出す。半ズボンで町を回っていると、にわか雨にあった。私は大きな合羽《カッパ》を着て、バスに乗った。信心深いムスリムのかぶる小さな縁なし帽を頭にのせたじいさんの隣に坐っていたのだが、合羽の裾がずれ、膝があらわになってしまった。私の隣人は、有無を言わさぬ手つきで合羽を引っ張り上げ、彼が見たくない体の部分を隠したのである。

パザルの埃っぽい、長い長い通りをゆっくりと歩きながら、これからは人前に出るときは必ず長ズボンをはこうという、もう何日も先送りにしてきた決断を下した。たしかに暑さはますますしのぎづらくなるだろう。だが、出会った人や家に泊めてもらう人たちの日々の暮しに親しく入り込むからには、彼らの信条を尊重しなくてはならない。私の存在が驚きを与えることは、どうにもしようがない。しかし、私の脚を見て不快になるなら、それは直さなければならない。いずれにせよ、これはいい訓練になるのだ。やがてイランに入るが、そこでは選択の余地などなくなるからである。どんなに暑かろうと、腕も脚も隠して歩かなくてはいけなくなる。さもなければ、コーランの戒律を遵守させることを任務とする警察、あの恐ろしい「コミテ」に逮捕されてしまう。

アーチの正しい鑑賞法

市営ホテルを見つけたのはパザルがはじめてだ。料金は手ごろ、清潔で、ちゃんと使えるシャワーがあり、しかも熱い湯が出る。つまり三拍子そろっている。全身をごしごし洗い、清潔な服を着て、町の出口にあるセルジューク朝時代のキャラバンサライの見学に急ぐ。四角く、どっしりしたその建物は、赤い花崗岩の大きなブロックで建てられている。外側の城壁はなめらかで、窓はなく、角ごとに立つ八角形の櫓が守りを固めている。入口にはとても驚く。第一の門はとても高く、要石でしっかりと固定された古典的なアーチになっている。だが、そのすぐ先にある、もっと背の低い第二の門は、上部のロマネスク様式のアーチが複雑な輪郭を持つ非常に手の込んだ石で組み立てられており、実に注目に値する。厳密に言えば、そこには要石はない。石は断面の折れ曲がった線に沿って、ミリ単位の正確さでたがいにはめこまれている。私は首を右に左にかしげ、このジグザグの線がどういうモチーフに従って描かれたものか見つけ出そうとするが、それはなにも表していない。そのとき、この石のブロックをさかさまに見てみたら、という考えが浮んだ。そこで、建物に背を向けて身をかがめ、股のあいだからのぞいてみた。おのおのの線のつながりが、くっきりした人間の横顔として浮び上がる。きれいな弧を描いて並ぶ横顔が十四数えられる。そこまで観察が進んだとき、私の姿勢にたまげたひとりの男が、こちらを見ているのに気づいた。私は起き直って、微笑みかけるが、この観光客は頭がおかしいと思い込んだ相手は、大あわてで逃げて行く。

荒れるがままになった内部からは、この建物の力強さがうかがえる。見事な形に削られた大きな石を組んだ、どっしりした支柱が、ロマネスク様式の巨大なアーチを支えている。中まで雑草の入り込んだこの建物は、千年の風雪をものともせず、いまもなおびくともしていない。そして、壁の上部を少し補修しさえすれば、これからの千年も大丈夫だろう。だが、人はそれをするだろうか?

英語を使えるのが嬉しい先生たちと知り合いになり、夜は食事に招かれたが、ここの住民がキャラバンサライを誇りにしていながら、一方ではそれをほったらかしにしているのが不思議だと言ってみる。相手はやはり達観した人たちで、その答としてはただ肩をすくめてみせるだけだ。インシャッラー。

パリまでついて行く!

翌朝、道路ぎわでひとりのじいさんが体を二つに折り曲げ、草を集めて大きなジュートの袋に詰め込んでいる。小さな山羊鬚を生やし、澄みきった青い眼は、彫りの深い顔のなかで、内側から光に照らされているように見える。私たちはおしゃべりを交わし、彼は肩に食い込む大きな袋を、私は背中にのしかかるリュックをかついで、しばらく一緒に歩く。若い洒落者がレーシングカーのように走らせる小型トラックが、後ろの荷台に私たちを乗せてやろうと、急ブレーキをかけて停まった。草を持ったじいさんは、袋を投げ込んでから、その年にしては驚くべき身軽さで荷台に飛び乗る。きざ男は私が同じようにしないのが気に入らず、非難の気持を見せつけるためにエンジンを一気にふかし、私の顔に排気ガスを思い切り吐きかけて走り出す。

午ごろ、心ならずも国道に戻ったが、トカットに行くためにはほかにしようがない。農民の一団に呼び止められ、食事を一緒にしてゆかないかと誘われる。彼らは広大なトマト畑の片隅で、長い棒を立てた上に木の枝を置いた屋根を日除けにして腰を下ろしている。地面を掘って炉が切ってあり、その上に煙にいぶされずにすむように長い煙突をつけたレンジの上蓋をかぶせている。彼らは陽気で、単調な暮しにふだんと違う趣を添える旅行者が現れたことを喜んでいる。一座の内訳は、男が四人、女が十人ほどに子供一人である。「仕事はきついけど、トマトは実入りがいいんです」とひとりの農婦が言う。食事はおのおのトマト一個、玉葱一個を添えた平たい円パン一枚である。もちろんそれに、間に合わせのこんろのうえでぐつぐついっているサモワールから注いだ茶がつく。女と男は別々に分かれて食べるが、みんなビニール袋に燕麦の殻を詰めて器用に作った座布団を敷いている。

若い男のひとりが、突然、パリまでついて行くと言い出した。びっくり仰天である。だが、彼は粘り強い。家に行ってワイシャツを二枚取ってくるから、十分間だけ待ってくれと言う。だれひとり彼を諭そうとする気配がない。ことはいたって簡単だと思い込んだ彼は興奮してくる。国から国に行くには、役所の冗談事ではない規則があることを、どうやったら説明できるだろうか？　この世間知らずには、役所の手続きの煩わしさがどんなものか想像がつくだろうか？

「移住したいというのは、もちろんかまわないよ。パスポートは持ってる？」

「いいえ」

「まずそこから始めなくちゃ。何週間もかかるだろうから、きみを待ってるわけにはいかないんだ」

おかしなことに、彼は自分の願いがこれほど容易に打ち砕かれたことを即座に受け入れ、移住熱はそれが湧いたときとおなじように、たちまちにして冷めてしまう。みんながこの一件を見物していて、おのおの賛成か反対か意見を表明していたが、青年の興奮がおさまったので、みんなはトマトに戻り、私はトカットへの道に戻った。

トカット散策

今日約十万の人口を数えるこの町は、十七世紀のオスマン帝国にあってキリスト教都市であった。ジャン＝バティスト・タヴェルニエ――私はその足跡を忠実にたどっている――によれば、トカットは少なくとも十二の教会と四つの修道院――うち二つは女子修道院――を数え、大主教を擁することを誇りにしていた。ユダヤ人も暮していた。ユダヤ人はいまも少数ながら住んでいるが、キリスト教徒はいない。熱心な歴史ファンなので会ってみるとよいとすすめられたヌリ・アムジャというユダヤ人は、シルクロードの歴史に詳しいそうだ。しかし、残念ながら二日間の滞在では会うことはかなわなかった。

ここの改装された非常に大きなキャラバンサライには、パザルのそれのような高貴さや雄渾さがない。狭い部屋が何十もあり、それぞれに暖炉がついているので、屋根は六十本ほどの煙突が突き立った奇抜な眺めになっている。商人たちと、はるか昔からここで銅細工をしている職人たちが、ごく狭い部屋を店に改造して使っている。中庭はだだっ広く、一部は敷石が敷かれ、とげのある木がお定まりの喫茶店のテーブルに影を投げている。このキャラバンサライはもともとそれほど古いものではないが、それにしても、いたるところに目立つ中央暖房の大きなラジエーターや、中庭に面した窓のアルミサッシ、それに見栄えを台なしにした緑色のトタン屋根が、時代物のような顔をするのはちょっと無理がある。

二千五百年のあいだに十四の異なる占領者の支配を受けてきたトカットには、ひとつ変った特色がある。地震の結果、隣接する丘陵地帯から沖積層が崩れて流れ込み、十三世紀以来、地面が五メートル高くなったのである。というわけで、ほんとうの富は地下に隠れているのだろう。ギョク・メドレセ（青のコーラン学校。「ギョク」には「青い」という意味と「空」という意味がある）を見学する。そこは博物館になっており、建物は平屋造りである。町の低地地区の歴史的建造物がみなそうであるように、そこを訪れるにはひとしきり階段を降りなければならない。かつては正面をおおいつくし、この建物の名前のもととなった美しい青の陶製タイルの一部をいまも見ることができる。内部では、キリスト教都市としての過去が残した痕跡のなかでも、ローマ人の手にかかって殉教した聖クリスティナの蠟製の像に驚かされる。

この町は、セルジューク朝のスルタン統治のもとではトルコ第六の都市だったが、ティムール率いるモンゴル人による占領の後、急激な沈滞に陥った。その後、オスマン帝国のもとで、複数のシルクロードが交差する要衝という恵まれた地理的条件を生かし、勢力の一部を回復した。私は休息日に、ラティフォール・コナウというオスマン帝国時代の非常に美しい個人の邸宅で、一般に公開されているところも見学した。

その一日の大部分を町を見下ろす西部地区を散策して過した。どこにいるのかわからなくなる狭く曲がりくねった道では、角張った家々が空をおおいつくす。ちっぽけな店々、いくつかのモスク、廃墟と化したベデステン〔屋根のある市場〕、この地区はよそではほとんどどこでも消し去られてしまったオスマン文化の香りをいまに伝えている。ここではコンクリートが木造の家に取って代りはしなかった。力を合せてブルドーザーに抵抗するかのように肩を寄せ合う家々は、感動をよび、古めかしい詩情をたたえている。そして人は思うのだ、ここにみなぎっているのは、反抗的で、友愛にみち、頑固な精神以外にありえない、と。家々もまた魂を持つのである。だから、そこの朽ちかけたモスクが影を落とす小さな広場で、メッカ巡礼の夢を果し、白い大きな顎鬚を幟のようになびかせた三人の老人と私が仲良くなったのも不思議はない。私は彼らと長い時を過す。時間が止る。私は幸福だ。

コンピューター会社を創設した三人の若者とも意気投合した。彼らは昼も夜も働く。会社を興したときは、一人の父親が買ってくれたパソコン一台しかなかった。現在、一人は二十歳で、兵役につきながら社長を務めている。十四歳になったばかりで、まだ中学校に通っている彼の弟と、もう一人の十九歳の共同経営者も、彼におとらずやる気があり、ばりばり働く。会社は建物の二階分を占めている。企業への納入と設置、パソコン研修、パソコンの販売と修理、インターネット・カフェ、ソフト開発、となんでもござれだ。彼らは私とやりとりしながら、自分たちが「最先端」を行っており、新しいテクノロジー、西側からやってきた現代的なものに通じていることを西洋人になんとか証明しようとする。私は安心させてやる。フランスでは、きみたちみたいに若い人で、こんなに商売上手で、野心にも能力にもあふれた人はあまり知らない、と。そう言うと、彼らは大いに満足する。

イスタンブル以来ずっと栄養を摂るだけだった私は、ついに味覚の悦楽に身をゆだねることにする。フスック・レストランという店で、よその土地では食べられない美味な料理、トカット・ケバブを出すことを知っているからだ。この料理は二本の串を炭火の上でなく、窯で焼くもので、そのためにまるで違う味になる。一本の串には、四角く切った羊肉、じゃがいも、茄子が刺してあり、もう一本は調理時間の違うトマトと唐辛子である。この全部が焼いてつぶしたニンニクとともに供される。これはほんとうにうまく、翌日も同じ店に舞い戻ったほどだ。

ホテルへの帰り道には、自動小銃を持った制服の男たちが点々と並び、商店や車、街路の片隅にいたるまで、ひとつひとつ点検している。テラスのようになった階段の下で兵士が六人、胸に抱いた突撃小銃の引金に指をかけて、厳しい警戒に当たっている。階段の上から音楽が聞えてくる。なにをしているのか尋ねたいと思うが、兵士のひとりが、あっちへ行け、と怒鳴る。相当気が立っているようなので、素直に従う。すぐそばのアイスクリーム店の主人が代りに答えてくれる。軍のお楽しみで、士官たちが宴会をやっている。彼らは「テロリスト」が邪魔をしにくるのを恐れている、と。テロリスト……。クルド人と言い換えるべきだろうか？　いずれにせよ、危険地帯に足を踏み入れつつあることは明らかだ。

憂鬱な道行き

トカットを離れるとき、私は奇妙に落ち込んでいる。よくよく考えると、いくつか理由が見つかる。まず第一に疲労。この二週間、毎日の行程が長く、あまりに長すぎることもあった。四十七キロが一回、四十六キロが二回だ。もっとゆっくり進むべきだと繰り返し自分に言い聞かせても、ことはそう簡単には行かない。ひとつの町から別の町に行くには、ほかにしようのない場合もある。そして、町から町に行きたいと思うのは気まぐれではない。なぜなら、村に泊るということは、ホテルのように体を洗ったり、くつろいだり、熟睡したりできないということだ。トカットを出れば、これから十日は町を遠く離れた歩きが続き、つまりそれはバランスのとれた食事にありつけない十日、村中が行列しにくるのを見ることになる十夜、家の主人とともに夜明けに起きる朝が十回、そしてなによりシャワーが浴びられず、汗漬けになってしまう十日なのだ。それは避けることのできない忍耐の日々である。いちばん辛いのは、そこに踏み込もうとするときだ。そのうえ、しばらく前から、村々はどこも似たり寄ったり、平野のつぎにまた平野が続き、新しい発見で胸がときめくこともめっきり減ったようだし、もはやカンガルを恐れる必要すらない……。こうして警戒をゆるめ、意欲の薄れた私が、少なくとも潑剌とはいえない足取りで歩いていることは理解してもらえるだろう。

トカットの町外れで、蛆《うじ》のように身をくねらせて交通整理に当たっていた警官が、声を限りに叫びながら文字通り私に飛びかかってきた。

「どこへ行く？　どこへ行く？　どこへ行く？」

「エルズルム」と聞いたとたん、彼は私にばかにされたと思い、いっそう激しくわめき立て、ザックの中身を調べるために連れて行こうとして、ぐいぐい押してくる。もし真実を、つまり「テヘラン」と言っていたら、どんな反応を示したことか、それは考えたくもない。同僚が割って入り、アッラーよたたえられてあれ、彼を静めてくれる。律儀なこの同役は、興奮した男を許してやってくれと言う。「相棒は気が立っているもんで」と弁護する。それはもうわかっていることで、いずれにしろ、私の憂鬱な気分を晴らしてはくれない。

さいわいなことに、先に行くと、どう見ても滑稽な光景が私を喜ばせてくれた。そこは人通りのないところで、まっすぐに伸びる単調な道路は、風景などおかまいなしのようである。と、そこの建てかけの木の小屋の下、二人の男が西瓜の山をふたつ前にしてあぐらをかき、客を待っている。商売をするのにこれほどふさわしくない場所は考えられないが、二人の男は呑気なようすで自信ありげだ。彼らは煙草を吸いながらおしゃべりしている。私が写真を撮ると、さくらんぼをくれる。「お客さんはたくさんいるんですか？」という私の質問に、あっけらかんとした笑みを浮べて「いいや」と答え、人生に対するこの見事な楽観主義が私をすっかり喜ばせる。これは記憶にとっておくべき光景で、世の中の煩いが私の心の平静を突き崩そうとするときに、また取り出すことにしよう。

さらに先、小学校の前まで来ると、月曜にはトルコのすべての学校でそうするように、校長先生がオーケストラの指揮者気取りで愛国的な歌をうたう生徒たちの指揮をしていて、この光景は私のうちに思い出をよみがえらせる。子供のころ私が住んでいた田舎の小さな町でのこと、私は六歳、入ったばかりだが、数週間後には戦争のために行けなくなってしまった「大きな学校」〔幼稚園にたいして小学校を指す〕で、私たちが「元帥、ぼくらはここに」〔親独政権のペタン元帥をたたえる歌〕をうたっている。世界中の子供みんなが、たいていはまったく意味のわからない歌をあらん限りの声でうたいながら、おなじ熱烈さを見せる。完全な信頼、文句を言うことなど思いもかけぬ従順さだ。こうしてすでに子供のころから小さな闘士が育成される。

クズルイニシュ峠で、標高千百五十メートルまで上ることになる坂道に挑む。トマトとポプラの植わったトカットの大平野を過ぎると、岩山のなかに切り開かれた起伏の激しい高地の道路になる。野生のミモザが、ぶんぶんいいながら祝宴を開いている何千という蜜蜂のために芳香を振り撒いている。穀物の種を播かれた広々した肥沃な大地が、地平線に向って波打っている。そこここで、風景に突き刺さった数本の楢の木が、女も男も、日差しの下で働く者みんなに休憩とおいしい茶を約束する湯気の立つサモワールに影を投げている。午には一軒の食堂が、大きな養魚場からとった鱒の料理を出し、食事と休憩のあいだゆっくりくつろぐ。

恐怖が顔を出す

チフトリクという小さな村の入口で、どこからともなく現れた二人の男が話しかけてきた。単刀直入に一人は腕時計をくれと言い、もう一人は金をくれと言いざま、なんの遠慮もなく私のポケットに手を突っ込み、自分で取り出そうとする。私は逃げ出す。こいつら、白昼堂々と私を襲うつもりなのか？　近くの畑で働いていた三、四人の農民が寄ってきて、自分たちの村に飛び込んできたこのどっさり荷物を背負った旅人は何者なのかを知ろうとする。私は農民たちに二言三言、愛想のいい言葉をかけてから、そろそろと逃げ出し、二人の悪党がつけてこないか確かめるために二、三度後ろを振り返った。おまえはばかだ、と自分に向って言う。盗みに遭う危険についてはとっくに警告を受けてきたのだ。私の腕時計は文字盤が大きく、クロノグラフのような外観をしており、物欲をかきたてる。それをポケットの奥に隠し、これからは情報を知りたいときだけにしか取り出さないことにする。その情報とは、高度、気圧変化、方位、そしてもちろん時間である。

村の出口で、イマームが胸に抱いた赤ちゃんを揺すっている妻とともにバスを待っている。彼は心配顔で、怖いのかと聞いてくる。隣のガソリンスタンドで茶をごちそうしてくれ、重ねてこう聞く。ほんとに正直に言ってくれてかまわないんですよ、そうだとしてもごく当然だと思います、怖いんじゃないんですか？　だって、「テロリストがいますからね」と彼は最後に取って置きの言葉を吐き、私を銃で狙う悪人の真似をして見せる。この人たちはしまいには本当に私を怖気づかせてしまいそうだ、不安で冷や汗をかいているこの人たちみんなして。しかも、彼らはそうするのにたいして苦労もいらないだろう。孤独な旅人が背負う荷物には恐怖が入っている。それは森や夜の静寂のなか、音もなく忍び込むし、そもそも人と出会うたびに顔を出す。ザックを背にひとりで歩くとは、自分をまるごと危険や人々にさらすということである。自転車のように逃げたり、車のように中で身を守ったりすることはまったく不可能だ。これまでは、不安はザックのなかで恥ずかしげに縮こまっていた。一日一日が、出会いのひとつひとつが祝祭であった。ところがいま、時をうかがいながらじわじわと忍び寄っていた恐怖が姿を現したのだ。

ほんとうを言えば、私はテロリストに対して二通りの気持を持っている。職業的な好奇心にしたがえば、彼らと出会うことを願わないでもない。彼らの運動や活動方針について質問し、だれに頼まれたわけでもないが、ルポルタージュをまとめることができるかもしれない。もちろん、人質に取られることも考えられないわけでなく、それはジャーナリストでなく、退職教師を自称する理由のひとつでもある。同時に、ときにはいわれのない暴力に対する恐怖を覚えることもある。人を狙い、発砲し、山野に消えてゆく狙撃兵の、あるいは無用の重荷を背負い込みたくない性急なテロリストの暴力だ。さきほど村の入口で二人の盗賊に遭遇したときには、また別の心配が現実となった。盗みに遭う心配であり、それは場合によっては暴力を伴わないともかぎらない。この新しい不安を私は吹き払おうとする。盗みに遭えば重大な影響——たとえば時間のロス——を蒙るかもしれないが、致命的とまではゆかないだろう。

この一週間、たしかに不安の種が増えている。一日たりと、武器は持っているのかと聞かれない日はなく、私を銃で狙う、あるいはナイフで喉をかき切るテロリストの真似を見せられない日もない。ケルワンサライの銃を持った男、腕時計を狙った二人の男は、どちらも前触れである。宣伝用の景品をごっそりくれようとしたセールスマンの「トカットのへんでは気をつけなさい」という警告の言葉が浮んでくる。集団妄想なのか、現実の危険なのか？　私は冷静さと、周囲との一定の距離を保ち、この漠然とした恐怖にからめとられないようにしたい。しかし、そうは言っても考えたすえに決めたことがある。今後は、宿を乞う相手は村の責任者であるムフタルだけにしよう。この行政の長は間違いなく保護者になってくれる。

イマームに別れを告げた十分後、チフトリクのキャラバンサライの廃墟を見つけた。また、J－B・タヴェルニエが名前を挙げている二つの村も、それがどこを指していたのかがわかる。どの地図にも載っていないタフトバとイビブサという村である。キャラバン用のこうした宿駅が存在するのは偶然ではない。トカットのパシャの収税吏を避けるために、キャラバンはアマスヤから真南に進路を取り、ジレを経由してシワスに向ったが、その途上、それぞれの収容人員は少ないものの、ごく近接したこれらの小さな宿に寝所と食事と安全を求めたのである。やはり「ケルワンサライ」という名を持つ別の村もここから遠からぬところにある。その後ほどなく、トカットから三十二キロ来たところで、崩れかけた小さなハンの写真を撮った。貴重な写真だ。廐の円天井の最後の数個の石が、いまにも茨《いばら》と蕁麻《いらくさ》のなかに落ちようとしているのである。

シワス街道を離れる。これから十日ほどはアスファルトを目にすることはないだろう。クズックという小さな村を目指して東に向う脇道に入るが、その村は奥深い田舎に分け入ってスシェヒリに至る行程の最初の宿泊地である。そこに通ずる土の道で、トラクターが二、三台、乗せて行ってやると言う。農民の序列にしたがい、男はトラクター本体に座を占め、女は後ろにつけた荷車に乗っている。私は誘いを全部断る。さらに一台、トラクターが向うから来て、私のすぐ前で停まった。泥除けの上に坐っていた大男が飛び降りて、わめき立てる。「身分証明書、パスポート、警察だ、警察だ！」

明らかに警官ではなく、私は威圧されない。

私が役職に疑義を呈したので、男は財布から写真を貼った証明書を取り出すが、それで警官でないことが確かめられる。この国では、警官だったらわざわざ自分の身分を証明したりはしないだろう。差し出された書類はなにが書いてあるのかさっぱりわからないが、警察に関係する言葉で私が知っている二つの言葉、《polis》〔ポリス〕も《jandarma》〔ジャンダルマ〕も記されていない。男はますます怒鳴り立てるが、証明書を見せられても私はとくに動ずることなく、毅然とした態度を守る。

「私は警察かムフタル以外には証明書を呈示しません。これからクズックのムフタルに宿をお願いしに行くところです」

相手はおとなしくなり、またトラクターに乗って離れて行く。言うまでもなく、パスポートはとても大事なもので、だれかれかまわず見せるわけにはゆかない。ほかに身分証明書はないから、それがなくなったら悲惨なことになる。

キャラバンサライはどこに？

クズックの村長、ムスタファ・ギュスキョイには大歓迎された。そして、いつものように、三時間ものあいだ途切れなくやって来た、病人以外の村人全員の欲求を満足させねばならない。夜には、野次馬のなかに例の「警官」がいることに気づいたが、彼はすっかり恥じ入って、ほんとうはベクチ（密猟監視人）だと打ち明ける。私はよい獲物ではなかった……。

ムスタファは、クズックにキャラバンサライがあるから、明日の朝案内させようと言う。彼がもったいぶって説明するところでは、ここの道はシルクロードではなく、「オスマン帝の道」であった。彼はそれ以上詳しい説明はできない。トルコのスルタンには三人の「オスマン」がいた。彼はそのうちのだれが「帝」と呼ばれているのか、またこの道の経路がどのようなものであったか知らない。たぶんどこかで聞きかじった言葉を、ほんとうの知識はないまま繰り返したのだろう。そのうえ、翌日の朝、彼が話していたキャラバンサライを見たいと言うと、それがどこにあるのか、だれひとり正確には知らないのである。

村長の息子たちはフランス在住

むしろ春を思わせるひんやりした日差しのもと出発する。村の近くで建設中のダムのために、周辺の道路は道筋を変えられたが、手元の地図には記されていない。どうにか自分の辿るべき道を見つけられた。斜面をよじ登る、とても険しい道だ。高度計が千三百メートルを示したころ、細い土の道で一台の車が私を追い抜き、百メートル先に停まった。二人の男が降り、車のそばに立って私を待ち受ける。近くまで来た私は、ただちに警戒態勢に入った。二人とも厳しい緊張した面持ちに敵意を浮べている。とくに悪意を持っているように見受けられる背の高いほうの男は、片手をポケットに入れている。ピストルかナイフを握っているのは間違いない。恐怖に負けずに無理して笑みを浮べ、手を差し出しながら近寄り、フランス人の観光客だと自己紹介する。二人は態度を一変させた。小柄なほうの男は、自分は二キロ先のカルグンジュクのムフタルで、名前はニヤジだと言う。もうひとりは、ポケットから手を出して、握手を求めてくる。向うもこちらも、穴から出ていた恐怖が巣穴に引っ込んだ。

彼らは村まで乗せて行ってやろうと言う。私は断るが、半時間後、家並にさしかかると、ニヤジが道端で待っている。彼は茶を飲んで行けと、自分の家に私を引っ張る。女たちが茶の用意をするあいだ、彼は子供が六人、そのうち五人は男で、五人ともフランスのドルー〔パリの西方七十キロの都市〕の近くにいると打ち明ける。女たちが用意したのは茶だけではなく、りっぱな食事だ。茄子と玉葱のおいしい料理を堪能する。ニヤジはちょっとつまむだけだ。彼は蜜蜂を飼い、蜂蜜をつくっていると言う。それが主な収入になる。私が会ったなかで、この仕事に携わる山の民は彼だけである。この地方の蜂蜜生産はとても盛んだが、黒海沿岸地方から夏のあいだだけやってくる養蜂家による独占が続いている。

天上の沐浴

ニヤジが村の出口まで送ってくれた。目の前の山がほとんど垂直にそそり立っている。彼は山道を教えてくれる。それは私の地図では「自動車の通行可能な道路」となっている。やがて道は草に埋もれ、ついには消えてしまったので、牧草地のなかを磁石たよりに進まなくてはいけない。風景は実に雄大で、生い茂った草のなかをこうして歩くのは実に気分がいいから、さしあたり今後襲ってくるかもしれない災難のことは気にかけず、喜びにはずみながら斜面を登る。

一時間がんばって汗みずくになったころ、ごくごく狭い台地のようなところ——広さはノルマンディーの私の家をほとんど超えないくらいだろう——に出た。高度計は千七百メートルを指す。眺めは息をのむほどだ。ザックを置いて、草のなかに腹ばいになる。やさしく護ってくれる大地に抱きすくめられたような気がして、子供のころの喜びが瞬時によみがえってくる。目の前で、広大なトカット平野が北に広がり、四十キロほど先の町が見分けられる。南側は、標高二千百メートルに達するスールシウリシ山がやや眺めを遮るが、三百四十度のすばらしい風景は残っている。東にも西にも重畳する低山の連なりをゆっくり念入りに眺めてゆく。Tシャツがぐっしょり濡れている。それを脱ぎ、羊飼いが据えつけた水桶のようなもののところに行く。そのなかで泉の水がかすかに波打っている。顔を洗い、上半身にも水をかける。そしてついには、一度ならず二度まで、だれもいないことを確かめたうえで、裸になってこの間に合せの浴槽にざぶんと浸かった。水は身を切るようだ。ショックは激しいが、一度冷たさが体にしみとおってしまうと、緊張がほどけてくる。昨日も今朝も体を洗うことができなかった。いま自分はトルコでいちばん高いところにある風呂に浸かっているのにちがいない、そしてほんの一時にしろ、神々のすぐそばに住まう喜びが禁じられているわけではないのだ、そう思うと、この水浴が嬉しくてたまらない。

けれども、神々が気を悪くしないともかぎらないので、この氷のように冷たく刺激の強い風呂には長居しないことにする。体をごしごし拭き、摩擦してから、体を温めるために、峠の反対側の斜面のしなやかな草のあいだを、破廉恥にもきれいに咲いたツリガネ草をごつい靴で踏みつけながら駆け下りる。谷に下りきると、あたりの家々は瓦を捨ててトタン屋根をのせている。チュルチュルでは、崩れてしまったミナレットを再建しているところだ。オスマン・シャーヒンという老人が、兄弟のひとりが二十年前にフランスに行ったきり、音沙汰がないと言う。私がその人を知っていると思ったのだろうか？

家に泊めてくれたムフタルのタラト・テキンは、ここの住民がみなそうであるように、カフカス人である。彼によると、先祖は一八七四年にやってきたそうだ。村にはトルコ人はひとりもおらず、人々が話すのはカフカスの言葉だけである。しかし、だれひとりそれを書くことはできない。学校ではトルコ語しか教えないからだ。カフカス人の村をあとふたつ通ることになるが、そこでもここと同じ印象を受けた。自給自足的なたくましい集団生活、いわばアナトリアの小さなコルホーズという感じだ。

またテロリストのことが話題になる。私は警告を真剣に受けとめるが、彼らの言う「テロリスト」がつねによそ者を指すのに気づき、ひとり面白がる。テロリストがはびこっていると聞かされていたトカットでは、ここにはいないと否定された。チフトリクのイマームはクズックのあたりにいると言った。その村に行くと、アルトゥノルクとチュルチュルのへんにいると言う。私はいまそのチュルチュルにいるのだが、ここの人たちはテロリストはむしろトカットの近辺にいるのだと断言する。これで振り出しに戻ったわけだ。だが、警告は軽んずるべきでない。こんな片田舎にもテロリスト抑止を任務とするジャンダルマの駐屯部隊がおり、それには理由があることは疑うべくもない。

私の宿主は髪に白いものが混じりはじめた五十歳、申し分ない三つ揃いにぴっちりと身を包み、新築の家に住んでいる。だが、新味はどこにもない。間取りにしても、使われた建築資材にしても、旧式の家をそのまま見本にして建てられている。古い家と同じように、浴室をつくる計画など立てられず、かろうじてトイレに洗面台があるだけである。家具調度からは、いくらか生活にゆとりがあることがうかがわれ、美しく飾ろうという配慮もある。その最たる例は、壁に掛けられた安っぽい彩色画とテーブルに置かれた大きなプラスチックの造花の花束との取り合せである。私は居間の床に敷いたマットレスで寝る。寝る前に枕を持ってきてくれたタラトの娘は、はっとするほど美しい顔立ちをしている。父親が名前を教えてくれると、彼女は歓迎の挨拶にちがいない言葉をかけてよこすが、彼女の出現でぼうっとなった私は、トルコ語がしどろもどろになり、結局フランス語で果てしなく賛辞を呈することになった。要するに、心を揺さぶられ、それを表にあらわしたのだ。

この村では、前日の村と同様、旅の最初の日々にみんなが示してくれた熱烈な歓迎ぶりが見当たらない。泊めてくれる人たちは、よきムスリムとして私を迎え入れ、自分の好奇心を満足させるが、それ以上のことは起こらない。

翌朝、タラトが道路まで送ってくれた。彼は農民としてはめずらしく地図が読め、これから辿るべき道をわかりやすく教えてくれる。「最初の分れ道で右へ、それから橋の先の分れ道は左だ」。彼は私の手を握り、振り返ることなく去って行く。もっとも、彼のおかげで分れ道とは仲直りできそうだ。

いずれにせよ、この六月十六日の朝、私の楽観的な気分をぐらつかせるものは、なにひとつあるまい。しかも、太陽もお祭に参加している。私のなかではお祭なのだ。私の小商人的な計算でイスタンブル以来踏破したキロ数を何度も何度も足し算した結果からすると、私は今日、千キロメートルを突破するはずである。私の予測では、事件は十一時ごろに起きるだろう。トルコの旧都を発ってから、ひと月と二日になる。出発時には、自分に課した契約を守れないのではないかと心配だった。まだ道の半ばにも達していないとはいえ、一日あたり三十五キロ歩いたのだから、その安定したリズムには満足している。休息日も計算に入れると、五月十四日以降の一日平均は三十キロになる。私は足の化膿に打ち勝ち、カンガルに立ち向かい、わずかではあるが、トルコ語も上達した。また肉体面でもよく鍛えられ、毎日の行程——一昨日は三十五キロ、昨日は山越えをふくむ三十キロ——を歩ききっても、朝になれば元気溌剌としている。トカットを出発したときの憂鬱はもう遠く、忘れてしまった……。そして、もうひとつ忘れていたのが、ぶらぶらと、頭を空っぽにして、目標や利益や収支決算など無視して歩こうという決意である。わかりきったことだが、智慧は道の果てにあるのだ。

恐怖が渦巻く地

最初に通過する村の名はアコレンという。いよいよその村に入ろうとすると、一軒目の家から男がひとり出てくるのが見える。男は私に気づくと家に取って返し、遠くからは棒のように見えるものを持ってすぐにまた出てくる。しゃがみこんで、いつなんどき飛びかかってくるやも知れぬ男の前を通りかけたとき、棒と見えたものが銃だったことがわかった。屈強な男の目は険しく、敵意にみちている。恐ろしさにすくみ上がり、一瞬、脚ががくがく震え出すのではないかと思う。身を締めつける恐怖を押して、大きな声で愛想よく「こんにちは」と挨拶をしぼり出すが、向うはかたくなな態度を崩さず、返事をしない。私はできるだけおとなしく、できるだけ軽い足取りで前に進みつづける、いない振りをしていれば、あの悪党が背後からぶっ放そうとしている銃弾が飛んできてもへいちゃらだ、とでもいうように。

少し先の広場では、私が来るのに気づいた二人の老人が、そばに近づくと目をそむける。水場で顔を洗っていたちゃらちゃらした若者は、つぎの村への道を尋ねると、その道を指さし、こちらを振り向きもしない。またしても、恐怖が身を締めつける。とりとめのない恐怖、それが心臓の鼓動を速める。「テロリスト」の話を聞かされるようになってずいぶんたつから、私はそろそろ彼らのいるところに来ているのか？　一昨日、クズックの村長ムスタファは、「アルトゥノルクにはいる」と言った。ここの三人の男は、さきほどの見せかけの棒を持った男と同じく、不安に苛まれている。彼らは攻撃的ではなく、ただ恐怖に身がすくんでいるのだ。それは銃を目にしたときに私をとらえ、一挙に私の頭の中を真っ白にした戦慄とは違う。そう、彼らの恐怖は恒常的で、彼らは恐怖とともに生きている。それが彼らの一挙一動を決定しているのである。道でたまさか出会う車にしても、乗用車にせよトラクターにせよ、ただの一台も停まって乗って行けと誘いをかけてくることはなかった。好奇心よりも不安のほうが強いのである。それに、畑で働いている人たちも、トカットまではあれほど頻繁にあったように、大きく手を振って茶を飲んで行けと誘うことがなくなった。私は恐怖の国に足を踏み入れた。

私はテロリスト？

感じのいい顔をしている、三頭の仔牛を追い立てて牧草地から出てくるこの男は。小柄で痩せて、色浅黒く、短い口髭、顎には不精鬚を生やしている。笑顔で親しげに片手を上げながら、言葉をかけてくる。

「あんた、いったいどこへ行くんだい？」

彼は微笑み、私も微笑む。

私はだいたいつぎのような意味になることを言おうとして、トルコ語でひと息にまくしたてた。

「エルズルムです。そりゃ遠いなんて言わないでよ、それはわかってるから。イスタンブルから歩いて来たんだけど、ここまでのほうがもっと遠いでしょ？」

語彙と文法は期待を裏切らなかった。彼は陽気に大笑いし、わかってるよと言うように私の肩をぽんとたたいてから、家に引っ張って行く。仔牛たちは一階を占める牛小屋に戻る。彼はファズル・オネルという名前だが、ファズルは私が二階のテラスに通じる階段を上れるように護衛してくれる。なぜなら、仔牛たちと変らぬ大きさのカンガルが階段の下に隠れていて、私をザックもろとも二口で呑み込もうと待ち構えているからだ。私がまず口にした質問は、もちろんこのあたりにテロリストがいるかどうかである。彼はまた笑う。その笑いは気持よく、顔には率直さと誠実さがにじみ出ている。

彼の説明によれば、私はこのまま東に行けばテロリストに出会うことになる。無闇に近づかないほうがいいシーア派教徒の三つの村があるとのことで、そこは迂回するように勧められる。私は地図の上の三つの村の名前を丸で囲むが、そうしたとたん、よけいな用心をしたと自分を責めた。たしかにこうい う辺鄙な村の名はとても覚えきれず、みんなごっちゃになってしまう。しかし、もし私が逮捕されたら、山奥のゲリラの潜伏地帯につけた印と、だれもが移動武器庫と取り違える私の装備一式からして、こいつはとんだ食わせ者だと思われることだろう！

実際、私は三つの村のひとつ、オワタブクを通るつもりでいた。ファズルの娘で、十五歳の褐色の髪をした可愛い女の子が、父親に向かって必死に合図を送っている。明らかに父親に話をしたがっている。彼は私をテラスに坐らせてから、娘のところに行った。そして、さっきよりもっと大きな笑い声をあげながら戻ってくる。

「あんたがテロリストじゃないかと怖がってるんだよ！」

あるトルコ人は、私のザックにエンジンが入っていると信じ込んだ。娘はバズーカ砲が隠されているとでも思っているのだろうか？

少女とその妹が茶の用意をする。そのあいだファズルと、アリというメッカ巡礼を果たして「ハッジ」の称号を持つ隣のじいさんとおしゃべりした。今日の夜は、アリハジュ（ハッジのアリ）という、このじいさんと同じ名前を持つ村で宿を乞う予定である。かつて徒歩または馬でメッカまで行った者たちの威光は、村全体に及ぶほどだった。そして、村人たちはためらいなく村の名前を自分たちの英雄の名に変えたのだ。

ファズルは子供が七人あると言う。男が四人に女が三人だ。男の子たちはここにおらず、みな大学に行っている。

「で、娘さんたちは大学に行かないの？」

彼は私の質問がよく呑み込めない。

「だって娘たちは畑仕事をしてるんだよ！」

「じゃ、勉強はしてない？」

「したさ、七歳から十一歳まで普通教育を受けた」

別れる前に、ファズルとアリの写真を撮っていると、少女たちは悪魔の化身が現れたとでもいうように、家の中に逃げ込んで隠れてしまった。

未来へジャンプ！

すばらしい天気だ。太陽が綿のような雲とかくれんぼし、ひんやりした気温が歩くのにちょうどいい。私の調子はよい。そよ吹く風が草をなびかせ、私はしがらみから解き放たれ、身軽になり、喜びに浮き立つ自分を感ずる。ファズルに別れを告げてから三キロ先で歩を止めた。道は踏み固められた土に白い砂利のまかれた幅の広い車道で、丘から丘へゆるい坂道となって波打っている。遠くのほうで、それは牧草地のあいだをうねうねと進むのが見えたかと思うと、ふいと姿を消し、今度はずっと左のほうでのたりくたりするのが見つかるが、ふざけ好きのこの道は、並木の向うにまた消えてしまう。私はのどかさを満喫する。道路の両側には花盛りの牧草地と耕地が広がっている。昨日越えた山並は、いまは青みがかった光を浴びているためだろう、昨日よりずっと穏やかに見える。

新しい風景への私の欲求は尽きることがない。私は移り気な愛人のように振舞う。新しい美しさが現れるたびにそれに惹かれ、前のを忘れてしまう。憧れの光景に堪能するとすぐ、つぎに待ち受けるものにしか興味がなくなる。私にとっての幸福はつねにこの平原の向う、あの岩山の連なりの背後に隠れ、この土地の起伏に、その河の曲がり角に、あの細い山道を抜け出たところにひそんでいる。それを捕まえに行きたいという欲望に運ばれて、私は時を忘れる。

ポケットから腕時計を取り出して見ると、十一時三十分だ。あたりを見回し、だれもいないことを確かめる。私はこの人けのない道を気がふれたように笑いながら走って勢いをつけ、荷物の重みが許すかぎり遠くまで大きくジャンプする。

いま千キロメートルを越えた。

ジャンダルマ……　Ⅷ

追い剝ぎ

午すこし前、農民たちに弁当を食ってゆけと誘われ、その後、二キロ先の村までトラクターに乗ってゆけと言われる。平たい円いパンとトマトと玉葱はご馳走になるが、あくまでも歩くことにする。長老がユスフといういちばん下の弟を、話相手兼道案内としてつけてくれた。家並のはじまるところまで来ると、長老のそばで、恰幅のよい男が疑ぐり深い目をして待っている。男は、自分はこの村のムフタルだ、パスポートを検査させてくれ、と言う。証明書は効果てきめんで、相手は緊張をほどき、たちまち冗談がぽんぽん飛び交いはじめる。私を迎え入れてくれた家は喜びに沸き立ち、隣人たちがつぎつぎに押し寄せる。私が通された部屋は、きれいに畳まれた毛布の山のとなりにマットレスを並べて壁に立てかけてある。夜になったら、ここは大勢が眠る共同寝室になるのだろう。けれども、とくにその体験をしてみたいとは思わない。それより丘の向う側の斜面にあるクゾレンに一刻も早く着くことを目指した。丘からはきれいに区画された穀物畑とすき返された耕地が見渡せる。ここの土は粘土質の赤土で、コンクリートのように硬い。ひとたび雨が降ると、鳥もち状になり、べたべたと靴にくっつくのだ。振り返ると、ユルドゥズ山（二千五百五十メートル）が雲のなかに鼻をつっこんでいる。坂道をひとつ登りつめると、東の方に、二日後にやっとたどり着けるはずの峰々が見える。

暑さが増してきた。杖が熱いアスファルトにめりこみ、十六時ころには水筒が空になった。水をもらおうと思い、村から離れたところに建つ一軒屋の戸をたたく。応対に出てきた男の人に案内されて部屋に入ると、彼の三人の同僚がコンピューターのモニターにかじりついて仕事をしている。田舎も田舎のこんなところになんと現代的な光景か、と私はあっけにとられた。彼らはこの土地生れの測量技師で、この地方ではじめての土地台帳を作成中なのだそうだ。これは複雑にして壮大、大変な綿密さが要求される息の長い仕事だ。これまでは土地の所有権が口頭で伝えられてきたため、農民同士のいさかいが絶えず、不動産に対する税の制定や徴収がほとんど不可能だったという。またこれも彼らに聞いたのだが、トルコでは市民の死亡時には、妻がその財産の四分の一を、子供たちが四分の三を相続する。私は、われわれのナポレオン法典では、子供たちが全部相続し、妻の相続分はないと定めていることを教え、彼らをびっくりさせる。たっぷり水をもらって、ふたたび出発しようとすると、彼らはさらにゆうに半キロはあるビスケットを私の荷物に加えるのだった。

　二キロ先で、トラクターが停まり、車上の人たちが乗ってゆけとすすめる。彼らは三人、年のころはみな三十くらいだ。私が断ると、彼らはまた走り出し、いまではお定まりとなった筋書きどおり、二百メートル先で停まる。顎鬚をはやし、がっちりした体格の運転手は車のうえに残っているが、ほかのふたりは下りて、湧き水で手を洗うふりをしている。彼らが私を待っているのは一目瞭然で、事実、彼らのいるところまで行くと、すぐに寄ってきた。明るい青のスーツを着込み、煙草をスパスパ吸っている小男が、三十二本の黄ばんだ歯を見せびらかせて、にっこり笑いながら質問してくる。彼がおなじみの質問をするあいだ、私は右側に来て立っているもうひとりの男に注意をしていなかった。ふと気がつくと、その男はもうザックのポケットのひとつのジッパーをそっと開けていて、いまやカメラを引っ張り出さんとしている。私は男に飛びつき、「やめろ！」と大声で怒鳴りながら、その手からカメラをもぎ取ると、それを手にしたまま駆け出した。重い荷物を背負っているので、思うようにスピードが出ない。

ここは人里離れた野原のまんなか、私は彼らの意のままだ。せめて逆方向に、村に向って走ることを思いつけばよかった……。ふたりの男はまたトラクターに乗り込み、トラクターはすぐに追いついてくる。私は道路の左側に追いつめられた。崖っぷちの道だから、逃げることはできない。左側は少なくとも二、三メートルはある崖が足下に切り立っている。飛び降りれば、手足の一本くらい折りかねない。右側にも逃げ場はない。壁のように垂直な山の斜面なのだ。

トラクターはいまや私と並ぶ位置に来た。カメラを盗ろうとしたやつは泥除けのうえに乗っているが、身をかがめてザックをつかみ、奪い取ろうとする。それは成功しない。ザックは腹のベルトでしっかりと私に結びつけられているからだ。だが、男は私をよろめかせ、トラクターの大きなタイヤが私をかすめる。運転手はさらに崖に寄せてくる。今度こそ、前に進もうとすれば、下に落ちてしまう。トラクターが停まる。泥除けの男はザックに取りついたままだ。進退きわまった。

そのとき、一台の車が後方に姿を現した。男は私を放す。私はトラクターの前輪をまたぎ、走って逃げる。やんぬるかな、車はもう遠くまで行っていて、止めるには遅すぎる。さっきやってのけた全力疾走のおかげで、息があがっている。後ろの方でトラクターが再発進する音が聞える。やつらはやり直すつもりだ、そして今度は……。ところが、まったく意外にも、やつらは停まらずに走ってゆく。なぜかはすぐにわかった。ここから遠からぬところ、小さな坂道の下に、養蜂家たちのキャンプ地があるのだ。私が叫び声をあげさえすれば、彼らの耳に届く。トラクターは遠ざかり、消えてゆく。やれやれ、助かった。

足から力が抜けてしまい、道端にへたり込む。ああ、卑怯者どもめ！　やつらはもう少しで私を餌食にするところだった。出発以来、私は片時も油断なく荷物を見張ってきた。ホテルでは、自分で鍵を持っているときしか部屋に置いて出ない。それ以外は、つねに手の届くところにある。中身のこまごましたものは、いついかなるときも、なくては済まされぬものだ。軟膏と薬、驚異的な働きをする小さなスイス・アーミー・ナイフ、水筒、そしてとくに地図、本、ノート、メモ帳。泥棒はカメラにしか食指が動かないかもしれないが、それは盗み損になるだろう。私のカメラはごく新しいタイプで、トルコではまだ販売されておらず、フィルムを現像するには特別の処理が必要なのだ。

蜜蜂の研究

心臓の鼓動が平常に戻ってから、ふたたび出発するが、こうして無事でいられたことの恩義のある養蜂家たちに合図をするのは忘れなかった。事情を知らない彼らは、手を振ってこたえるが、仕事を放り出しはしない。彼らは黒海沿岸から来て、三カ月で一年分の収入を稼ごうとしているからだ。だから、自分たちの飼う蜂のように、休みなくせっせと働く。

下の方で彼らがキャンプしている小さな坂道の登りにかかる。登りつめると、人間か動物か、なにかの影が見えたような気がする。それは私を見て、向うの曲がり角に身を隠した。慎重になった私は、じっと動きを止める。ちょうどいい塩梅《あんばい》に左手に小高い丘があり、そこが見張り台の役目をしてくれそうだ。「影」から見えないように注意しながら、そこを登る。そうして、子供のころの遊びで、スー族になって敵の目をかいくぐったときの身ごなしや計略を思い出す。敵はたしかにそこにいて、私を待ち受けている。三人のカウボーイのひとりが道を見張り、ほかのふたりは煙草を吸っている。トラクターは岩陰に隠してある。

私は戦争をしたいとは思わず——とてもかないっこないのだから——、またあの養蜂家たちに会いに戻り、会話を始めることにした。彼らは休みなく小さな木の格子を釘で組み立て、それは不思議なことに巣箱にぴったりはまるらしいのだが、私には何をやっているのだかよくわからない。ただはっきりわかるのは、私が彼らの邪魔をしているということだ。もちろん彼らは茶を出してくれる。私は時間を稼ぎたいのと、なによりも独りでいたくないので、自分の旅の話をする。半時間後には間がもてなくなってきた。話がすぐに途切れて、沈黙が続いてしまう。あの三人の盗っ人のことを話すべきか？　決心がつかない。私たちのまわりを急降下してきた蜜蜂たちが飛び交い、私は蜜蜂の研究が趣味であるかのように、熱のこもらない観察にふける。ほんとうに時間が遅くなり、私のような老人のことはボケ爺さんと思っているにちがいない、いちばん若い青年が、自分の腕時計を指して、つぎのように訳しておきたいことを言う。「もし夜までにアリハジュに着きたいんなら、もう行かないといけないよ。一時間もすれば夜になるし、このあたりを日が暮れてからひとりで歩くのは無用心だからね」

さっきの窃盗未遂から判断すれば、日暮れ前だって無用心だ。そのとき私は急に我慢ならなくなって、最初の曲がり角で私を待ち伏せている三人のならず者のことを訴えた。相手の青年はしっかり者だ。彼はこう提案する。夕食を共にして、ここで寝るか——テントはごく狭いので、星空の下ということになるが、と釘を刺す——、あるいは村まで私を車で送るか。私は二番目の選択肢を選ぶ。あの三人の暴漢は、待ち伏せをやめるにしろ、そのつぎは私の後をつけ狙うにきまっているからだ。

ムスタファのバンに乗り込みながら、私は自分自身に腹が立つ。イスタンブルでは、このトルコの旧都から中国の旧都まで、ただの一キロもおろそかにせずに歩こうと心に誓った。ところがいま、私はどこかのおじいちゃんのようにバンに乗せられ、運ばれてゆく。たしかにこの身の安全に関わることだし、強奪されれば旅は終りだ。だが、それにしても、である。どちらも悪けりゃましにつけ、という諺どおりにしたものの、私の自尊心は一大打撃をこうむったのである。

襲撃者どもは待ち伏せを解いたばかりで、私たちはやつらが追い剥ぎを働こうとした場所から遠からぬところで追い越す。追い抜きざま、私はやつらに伸ばした腕をぐいと曲げる侮辱の仕種をして見せずにはいられない。顎鬚の大男がげらげら笑う。負けっぷりのいいやつだ。

宝の地図

アリハジュ村に着くと、ムスタファは男の子をひとりつかまえて、私をムフタルのところに案内するよう命じたあと、急いでいると言って、せめてガソリン代くらい払わせてくれという私の申し出も断って帰って行った。ムフタルは家におらず、いま旅行中だと告げられる。愛想のかけらもなく、いきなりこちらの顔をじろじろ眺めまわした彼の娘が、男の子に事情を尋ねる。「ミサーフィル」〔客人〕と少年は答える。彼女は顔をしかめる。明らかに、よけいな仕事をやらされることになる立ち寄り客がいやなのだ。私はザックを下ろし、静かにことのなりゆきを待つことに決める。経験の教えるところでは、ニュースが村中に広まるまで、辛抱強く待ちさえすればいいのである。それで、無口な少年と私はふたりして、風除けのポプラ並木の陰で待ちつづける。空気は生ぬるく、きつい日差しのもとでの一日の労働でくたくたになった農民たちが、押し黙ったまま畑から家路をたどってゆく。出発以来、これほど貧しさのきわだった村を見たことがない。無秩序に寄り集まった家々はその傷口を見せている。こちらには雨漏りするにちがいないおんぼろ屋根、あちらには人が住んでいるのに一部が崩れた家、そしていたるところ、ぼろぼろに剝げた壁。ぼろ着をまとった色の黒い子供たちが、水が牛の糞を溶かし、黄色っぽい、小便臭い液体となって流れる土の道で遊んでいる。肥溜めが家と隣り合い、堆肥の匂いが夕暮れの大気に漂っている。

やっとムフタルの息子が現れた。がりがりに痩せた小男で、人と目を合わさないのが、どうもいい印象を与えない。だが、彼はついてきてくださいと言い、私は言われるがままに従うが、父親の家に向っているのでないことは気がついた。私たちは、ひそひそ声で話を交わしながらついてくる群衆を寄せ集めつつ、村の一画を横切る。広場の役割を果しているに相違ない窪地で、ムフタルの補佐役だという二人の男が待っている――ややこしい紹介の言葉をちゃんと理解できたとすれば、村会議員のようなものだろう。私の案内者はポケットから鍵を出し、広場に面した小さな建物の扉を開ける。セメントの床のごく狭い最初の部屋で靴を脱ぎ、そこよりさほど広くはない、床に絨毯を敷いた次の間に入る。左側は窓のない壁の端から端までを幅の広い板張りの長椅子が占めていて、スカスカのクッションがいくつか置いてある。私はそこに坐る。

一人残らず追い払われる娘たちを除いて、男たちと子供たちが入口の間に殺到した。十人くらいは詰め込める部屋が、たちまち三十人を収容してしまう。彼らがそこですし詰めになり、がやがや騒いでいるのは、この珍現象――私のこと――を見物し、村長の息子が私にうんざりするほど質問を浴びせるのを聞こうとしているのである。私はザックを手元に置いて、長椅子の端に座を占めている。ろくでもない男に手助けされたがきどもが、何人もこちらに来て私の荷物にぴったり張りつき、すでに何本もの手がジッパーをずり開けようとしている。私は割って入り、中になにが入っているかをなんとか説明する。ひとつしかない窓の外で、なかに入ることを許されなかった村中の小娘たちが、外国人を見ようと押し合いへし合いするが、蠅のように追っ払われる。

このとき時刻は十八時三十分。機転の利きそうな顔をした男の子が茶の用意を済ましていて、チューリップ形の小さなコップが、休みなく美しい琥珀色の液体で満たされてゆく。質問がぽんぽん飛んでくる。この村ではだれひとりとして、英語にしろドイツ語にしろなんにしろ、外国語は一言も話せない。辞書を片手に、私は雪崩のように襲いかかる質問に答えるべく努力するが、この試験がいったいなんの免状を授けてくれるのかわからない。今夜のねぐらというわけか？ ただ、このにわかソフィストたちの言葉のあやや込み入った言い回しは、私にはどれもよく理解できないにしろ、この人たちの唯一の関心がただひとつの言葉のまわりをめぐっていることは気がついた。「パラ」〔金〕だ。いま金を持っているのか？ いくら持ってる？ 金はどうやって手に入れてるんだ？ 収入はいくらだ？ 車は持ってるか？ それはいくらする？ 金持なのか？ フランスに帰る飛行機代はいくらする？ 「パラ」という言葉が出るたびに、人差指の先を親指でこする万国共通の言語がついてくる。武器は持っているのか？ 彼らにしたがえば、私は恐怖を抱いていて当然なのだ。「テロリスト」という言葉がその場を駆けめぐる。意地の悪い笑みを浮べ、ぴんと立てた人差指を顎の下で左から右に動かす仕種をまたやって見せられる。これもまた万国共通の言語だ。

ひっきりなしに人の行き来がある。老人たちは、たいてい私に手を差し出し、歓迎の言葉を口にする。

そして、だれかが席を譲り、老人は腰を下ろす。それから私が何者であるか説明を受けると、かならず追加の質問をしないではいられないのだが、それがきまって金に関することなのだ。いらいらして、私はこう尋ねる。

「いったいあなたたちは金にしか興味がないんですか?」

「そりゃ、われわれはとても貧しいから、とても貧しい……」と部屋の奥で半分寝ころび、煙草をつぎからつぎに吸っている口髭の大きな男が答える。

村を横切っただけで、あるいはこの集まりをとくと眺めるだけで、この男の言うことが正しく、ここの人たちがなにごとにも事欠いていることはわかる。この部屋では空気さえもが稀薄で、もし彼らがこんなすし詰め状態のままで私をさいなみつづけるなら、私は窒息死してしまう。私は仕種で疲れたということを見せつけて、彼らの注意がそちらに移ることを期待する……。やがて、私が不機嫌になったせいでもあり、観客が見世物に堪能したせいでもあるが、しだいにみんなが私のことはさしおいて、自分たち同士で議論するようになった。人ではちきれそうな小さな部屋にガヤガヤ声がこだまする。たがいに呼びかけ合い、ひとつ質問が出れば、三十の答が飛び交う。だれもが自分の意見を口にし、あくまで自分の意見を通そうとする。

放っておかれるのはありがたいことで、そっと目立たないようにしながら、この日の出来事の記録にとりかかる。千キロ突破と窃盗未遂はまだなまなましく頭に残っており、私はなにひとつ忘れたくはないのだ。半時間のあいだ、まわりの話から遠ざかっていると、ムフタルの息子が、彼自身とおなじくらい感じの悪い、いかつい男をふたり従えて近づいてきた。

彼らもまた私のパスポートを見たいと言うが、私はきっぱりとこう答える。

「ムフタルがいらしたら、ムフタルだけにお見せします」

息子はおとなしく引き下がる。機転の利く少年はコップとサモワールをかたづけ、何度か行ったり来たりして、この場からのけ者にされた女たちが用意したにちがいない食べ物を運んできた。食事は部屋の中央に置かれた大きな盆に並べられている。私はムフタルの息子とふたりの老人とともに席に着くよう呼ばれる。この光景はどこかしら、乞食の王様が側近とともに廷臣たちを前にして食べているような趣がある。私はリュックに目が届く場所を選んで坐ったが、無用の用心ではない。それが無数の欲望の対象になっているからだ。みすぼらしいリュックサックが、これほど欲望をかきたてたことはないだろう。何本もの手がそれをなでさすったり、持ち上げて重さを調べたりし、物欲しげな目がちらちらとそれを盗み見る。ところが、いましも私の面前に、それまで声を拝聴する機会のなかった偉丈夫が立ちはだかった。男は重大な使命を帯びてきたようである。彼は全員を代表して話をしなければならないのだ。私が試験に合格し、結局のところ、みんな私が気に入ったという結論が出たことを告げに代表派遣されたのである。私はきちんと理解できたのだろうか？　男はもとの席に戻るまえに、部屋中の人の同意を与えるような目が見守るなか、私に向って微笑みを浮べる。つまりは、私はたぶんちゃんと理解できたのだろう。

もう日が暮れた。今日はチュルチュルからあの親切な養蜂家たちのところまで三十キロ歩き、この一日の心の動揺のために疲れ果ててしまった。とにかくもう休ませてもらいたい。だが、どこで寝るのか？　いまもってそれがわからないまま、この問題が解決されるようにムフタルが来てくれるのを待つ。

今度は、寝そべっていた男、われわれは貧しいと言っていた口髭の男が、私の前に来て立ちはだかった。みんな黙り込む。そして、いままでがやがやいっていただけに、よけい息がつまるように感じられる静寂のなか、超現実的な質問攻めが始まった。それは、私の答しだいでは身の安全が危うくなるということを考えに入れていなかったら、私をおもしろがらせてくれたはずだ。この問答の要点を文字にしてみるなら、およそこんなふうになるだろう。

「リュックのなかにはなにが入ってる？」

「薬、衣類、食料、寝袋、ノート、本……」

「地図は持ってるか？」

「ええ、持ってます」

すると、男は勝ち誇ったように群衆の方を向き、大声でこう繰り返す。

「地図を持ってるぞ！」

群衆のあいだから、満足の「ああ！」という声があがる。なにを考えているのか？　なにか事情があるらしいことにうすうす勘づいた私は、説明を加える。

「私は道路地図と、それから磁石も持ってます。でも、なんの話なんです？」

「あんた、宝の地図を持ってるんだ」

私は腰を抜かした。

「宝の地図ですって？」

「シルクロードの宝の地図だよ。シルクロードの宝があることは、みんな知ってるんだ」

それはあまりにもばかげているので、笑い出さずにはいられない。だが、笑ったのは私ひとりだ。彼らは真剣で、険しい目をして私を見つめている。

「見せろ」

私はポケットから道路地図、というより道路地図の切れ端を取り出す。できるだけましな状態に保っておけるように、折り目ごとに切ってあるからだ。これまでたびたび、自分がどこにいるのか教えてもらおうとして、農民たちに地図を渡したことがある。そのたびに同じことが繰り返され、地図は手から手に渡り、だれもがそれにさわりたがった。それでも、いまこのときまで、だれひとりとして、これが宝の地図だなんて考えた人はいなかった！　だから、これを彼に渡したが最後——宝の地図を手にした人は、それを返したりしない——、部屋中をひとめぐりして、やがて消えてしまうのはわかりきっている。右も左もわからぬこの国では、いくら欠点だらけでも、この地図なしにはやってゆけない。私は男にそばに坐ってもらい、地図の断片をまるで地下出版物のようにそっと見せ、自分のたどっている道を指でなぞったり、通った村々の位置を指差したりしながら、彼の興味を引こうとした。彼の手は、自分の意志とは無関係であるかのように、地図に向ってピクリと動き、それをつかもうとする。彼が地図を奪い取ろうとするたびに、私はそれを隠すが、しかしそれでいよいよ自分の立場を危うくし、私がまさしく宝の地図を持っているという考えに根拠を与えてしまうことはわかっているのだ。さんざん説明をしたあげく、彼は見たところ冷静になり、もとの席に戻ってゆく。夜がふけるにつれ、言葉の裏の意味、意味のぼかされた言葉、暗黙の了解といったものが積もり積もってゆくように感じられる。

延々と続く夜

　十時ごろ、着ているものから見て、いくらか余裕のある階級に属しているらしい五人の人たちが現れた。ふたたび静寂が広がる。女性の二人はスカーフを着けていない。小学校の先生たちだと紹介される。みなイズミル地方の出身だ。彼らの関心は私の旅にはなく――それについては、すでにみんなに話を聞かされている――、私の……職業にある。というより、私が自称している職業である。前にも言ったように、出発以来、私は小学校教師を名乗っている。だから、彼らの同業者なのだ。私はもっともらしい調子で、これは大変な仕事だと言い、その後は質問されないように、こちらから質問を浴びせつづける。女性陣のうちひとりはいくらか英語を話すが、聞き取ることはできない。それでまたトルコ語に戻り、おかげで私の方からは込み入った話をしなくてすむ。彼らはここが気に入ってはいない、と打ち明ける。ここの生活はとても厳しく、職務の遂行も困難だと言う。彼らは故郷に帰ることしか考えていないが、その前に、この辺鄙な寒村で数年間勤め上げねばならない。

　彼らが帰るときには、時間は十時三十分、いちばん話をした女性が私の手を取り、確信に満ちた様子で、私に対して非常な憐れみを覚えたようにこう言う。

「たくさんの幸運をお祈りしています、たくさんの幸運を」

　この言葉はイスタンブルの銀行員ジャンの言葉を思い出させる。彼はこう言ったのだ。「たくさんの幸運が必要でしょうね」と。

　これまでのところ、不満は言えない、私に対して幸運は出し惜しみされなかった。だが、この憐れみに満ちた口調は私を不安にさせずにはおかない。

先生たちがドアから出て行ったかと思うと、相変らずさっきのいかつい男二人を従えたムフタルの息子が、また同じ要求をしてきた。再開されたやりとりをいま一度文字にするなら、こうなるだろう。

「パスポートを見せてくれ」

「ムフタルはどこにいるんです?」

「彼は来ない」

「私はどこで寝るんですか?」

「ここだ」

二匹の番犬の片方が、しつこく言う。

「彼はムフタルの息子なんだから、同じことだ。彼にパスポートを見せな」

これ以上抵抗を続ければ、手に負えない状況になってしまう。私は書類を見せることに同意するが、ただこのがりがりの小男だけにだ。群衆のあいだを回覧されるのはごめんだ、そうなったら取り返せる可能性は皆無だろう。

そこで、彼には私のそばに坐ってもらう。野次馬連が輪になって集まり、見物しようと押しくらする。私はパスポートを手から放さずに、まず身元を示すページを開いて、このパスポートはたしかに私のものだと証明し、つぎにトルコの入国管理局のスタンプが押されたページを開く。私たちの頭の上から、大きく見開かれた三十対の眼がじっと見つめている。村長の息子はパスポートを手に取ると、長いことページを繰って、私の最近の旅行先である日本、中国、アメリカ、それにアフリカの国々で押された他のスタンプがなにを意味するのか知りたがり、まるまる一ページを占めるイランのビザの上で長いこと目を止める。約束に反して、彼は隣の人にパスポートを渡してしまう。そいつはまたぱらぱらと中身を見る。私は引きしぼられた弓のように身構えた。手を打つのは今をおいてない。ゆっくりと点検し終えた男が、第三の盗っ人にそれを手渡そうとし、三十本の手がそれをひったくろうと開かれたその瞬間、私は文字通り肉弾戦の渦中に飛び込み、いちはやく取り返すと、ポケットにしまい、三十人分の欲求不満で重苦しくなった敵意あふれる沈黙のなか、念を入れてチャックを閉めた。私は彼らが約束を守らなかったことに腹が立ち、とにかく一刻も早くこのばかばかしい茶番劇にけりをつけたい。大声で、私は疲れた、休みたい、と言う。だれも私の言うことなど聞いていないようだ。彼らはもとの席に戻ると、煙草に火をつけ、またおしゃべりを始める。おそらく私はいっさい知らないでいた方がいいような、とんでもない臆測を話の種にしているのにちがいない。

さらに半時間が過ぎるのを待ったあと、精も根も尽き果てた私は、要求を繰り返した。それをはっきり示すためにドアを開け、村人たちに私をひとりにしてくれるよう強く促す。またもや水を打ったように静まり返り、だれひとり動こうとしない。私は会衆に三度目の懇願をするが、堪忍袋の緒が切れかけているのが自分でもよくわかる。それでも沈黙が続いたあと、観客――たしかにこれは見世物なのだから――のひとりが立ち上って出口に向かった。さらに二人がそれに続く。私は大声で「イイ・ゲジェレル」（おやすみなさい）と言い、この人たちに感謝する。若い学生が出がけに尋ねる。

「明日の出発は何時？」

「七時」

「ぼくもここに来て、一緒に歩くよ」

その約束はうれしく、なによりファズルが話してくれた例のシーア派の村をひとりで通らなくてすむのがありがたい。彼が外に出ると、十人ほどの参会者がそれにならう。私はドアから手を離さず、ぐずぐずしている人たちにとげとげしい目を走らす。ムフタルの息子と二人のいかつい男はいまだにがんばっている。疲労のせいで私は攻撃的になる。いままでは冷静を保とうと全力を尽くしてきて、自分でも感心するくらいだが、今度という今度はうんざりしきって、彼らを文字通り外に突き出した。

彼らの背中で、ドアの掛け金を下ろす。非常に用心深くなった私は、このドアが自分の寝る場所への唯一の入口であることを確かめる。仕切りの戸には閂《かんぬき》はなく、鍵は置いていってくれなかった。杖をつっかい棒にして開かないようにする。小さな窓を確実に戸締りする手段はない。それは上と下にある、釘を軸にして回る二本の小さな木の棒で開かないように押えてある。こんな棒は、肘でひと突きすれば外れてしまうだろう。インシャッラー。

入口の間の水道で、明日のために水筒に水を満たし、夜のあいだに殺菌してくれる錠剤を入れておく。身を切るような冷たい水でざっと体を洗い、寝袋に飛び込む。眠ろうとするが、この一日に起きたいろいろの事件のあとでは簡単にはゆかない。しかも、村中がこの家の前に集まっている。おしゃべりは一大事件にふさわしく、盛り上がり、熱を帯び、声が激している。呼びかけ合い、笑い、叫ぶ。村人の記憶にあるかぎり、ここでは外国人を目にしたことがなかったにちがいない。私はトルコ人の異常なまでの好奇心の強さを知っているが、それにしてもこの興奮は理解を超えている。ムフタルは現れなかった。彼はほんとうに留守にしているのか。それとも私を迎え入れたくないのか。もしそうなら、それはなぜか？

戦争の光景

灯りを消す。彼らはやがて静まり、帰ってゆくだろう。ようやく緊張をほどき、眠りに入る。目が覚めたときには、ほんのしばらくうとうとしたにすぎなかったろう。喧騒がいやましている。頭に来て、灯りをつけないまま、小窓に寄ってカーテンをちょっとだけ開ける。そのとき見えたものは、私の血を凍らせた。ひとりの男――さっきの見物人のひとりで、その異様な口髭には見覚えがあった――が、古い型の元込め式の軍用小銃を胸に抱えているのだ。彼は、「気をつけ」のようにじっと身動きせず、周囲の大騒ぎには無関心で、私がいる建物のドアから目を離さない。村中の人がそこにいる。小娘たちが男たちのあいだにまぎれこむのさえ放ったままだ。近くの家の正面についた裸電球から広がる乏しい光のなかで、どいつもこいつもしゃべりまくり、さかんに身振りをしている。

素っ裸のまま窓のそばにいた私は、突然震えがきた。寝袋にくるまりたい誘惑に駆られるが、もし彼らが私を殺すつもりなら、人前に出ても恥ずかしくない恰好をしていた方がよいと思う。だいたい人は丸裸の敵に敬意を抱けるものだろうか？　私は暗闇のなかで服を着る。これからなにが起るのか？　彼らはドアを押し破るのか？　寒い。身仕舞が整うと、寝袋にもぐりこみ、毛布を引き寄せて上にかける。寒さのせいか恐怖のせいか、体が震える。子供じみた振舞いとわかってはいるが、ザックからポケットナイフを引っ張り出す。姉のエレーヌがくれた美しいラヨル〔フランス南西部にあるナイフの名産地〕で、刃に私の名前が刻んである。やむなくば抵抗しようと覚悟を決め、刃を開いて枕の下に置く。だが、大きな期待はしていない。そのときの情景を想像していただきたい。あなたなら、どちらの勝ちに賭けるだろうか？　私は自分自身と意見が一致する。神々は私を見捨てたのだ。この惨めな細民たちは私をどうしようというのか？　持物を奪い取りたいのか？　殺したいのか？　それとも、その両方？　襲うなら、なにをぐずぐずしているのだ？　強奪するにしろバラすにしろ、もしその気があるなら、どうしてさっき実行に及ばなかったのだろう？　もちろん私には、不安で息が詰まりそうなこの時間を埋めるために、自分に投げかけたこうした疑問に答えるすべはない。ただの数分が永遠のように感じられる。疲労が重くのしかかる。腕時計は十二時三十分を指している。しだいに恐怖が薄れ、疲労困憊に場を譲る。だんだん朦朧としてきて、やがて眠りに落ちた。どのくらいの時間？　それはまったくわからないが、窓をたたく音で跳ね起きたのだ。いったい私をどうしたいというのか？　もうくたくたで、ほとほといやになり、返事をしないことに決める。彼らは彼らの悪事の準備をすればいいが、こちらから進んで首切り台に頭をのせてやるなどとは期待しないことだ。またノックするが、今度はドア、それから窓ガラスだ。だれかが私には意味の取れない言葉を叫ぶ。しゃべり屋たちは話をやめている。この突然の沈黙が不安をかきたてる。靴下はだしで部屋の端まで行き、カーテンを少しだけ開ける。自動小銃を構えた迷彩服の兵士がひとり、ドアの前にいる。思わず声をあげてしまう。ばか者どもが！　ジャンダルマを呼ぶとは。

靴の紐を結びながら、この方がよかったんだと自分に言う。事情を説明すれば、すべて片がつくだろう。いまや続けざまに激しく叩かれるドアを開けに行くまえに、私はわが身を叱咤して気を静め、落ち着いてナイフを元の場所にしまう。兵卒の後ろに二人の士官。村中がそこに集まり、見逃すまいともみ合っている。いやはや、見世物はずっと続いていたのだ。ドアを開けて十秒間、蚊の鳴く声さえ聞えそうだ。二人の将校が私の値踏みをする。背の高い方が正確な英語で話しかけてくる。あなたに話がある、と彼は言う。私は身を寄せて、彼らを中に通す。追っかけの連中も、もちろん後に続いてなだれこもうとするが、私は割って入る。彼らがユダの役をやるのはいいとしても、彼らの裏切りの代価まで支払ってやるつもりはない。

「彼らはだめだ！」

士官が身振りで彼らに下がるよう命ずる。武装兵のひとりは、二人の士官と一緒にすでに中に入っている。彼は部屋の反対端に立ち、銃は私に向けたままだ。

「これはあなたのザックですか？」

「そうです。なにか問題でも？」

「パスポートを拝見」

外では群衆のおしゃべりがかまびすしい。

「ご同道願います」

「待ってください。私は観光客です。あなたがたの国を見て歩いてるんです。それのどこがいけないんです？　逮捕されたってことですか？」

「とんでもない。これはあなたの安全のためです。ご同道ください」

「行先を教えてください」

「すぐそこです」

士官は私がザックを持とうとするのを押し止める。兵卒が横取りする。小さな広場で、さっきは私が気に入ったと言っていた男たちの群が、見世物を存分に楽しんでいる。

復讐に飢えたこの人々のあいだを通るとき、大音声でこう怒鳴ってやり——それは暗記している文句だ——ちょっとばかり気が晴れる。「あなたがたのおもてなしに感謝します」。これで私は、その場を胸を張って後にできる気がする。

村を横切る通りでは、二人の兵卒が私の両脇を固め、もうひとりがザックを運ぶ。群衆はぴったり後をついてくる。彼らは最後の一幕を見逃したくないのだ。私の方は、ドラマはこれから始まるのだということに気づき、啞然とする。本通りの両側では十メートルごとに迷彩服姿の兵士が、引金に指をかけた銃を薄闇に沈む家々や小路に向けて、見えざる敵を見張っているのだ。みなヘルメットをかぶり、防弾チョッキを着けている。戦争の光景だ。とにかく、向うの暗がりのなかでだれもくしゃみをしないでほしい、その人はたちまちズドンとやられるだろう。私はもう少しで、ほんとうにそこらじゅうにわれわれを狙っている狙撃手がいると信じそうになる。見張りの兵士は何人いるのか？　彼らはいたるところにおり、不動の姿勢で、どんなささいな動きも見逃すまいとしている。私は衝撃を受けた。が、じきにユーモアが元気を取り戻す。これ全部が私のため？　後をついてくる追っかけ連の最前列で、ドアの前で私を監視していた男が、旧式の銃を教会の大蠟燭のようにかざしている。顔には英雄らしく手柄を誇らぬ威厳を浮べている。この憲兵もどきは、私を恐怖のどん底に突き落としたことを自慢できるのだ。いま起きていることは、この村にとって歴史的な事態なのである。私にとっても危うくそうなりかねないところだった。

私としては、私に一杯食わせて笑い物にし、旅人へのもてなしの掟に一から十までそむいたこの人たちに怒りを覚えているが、それと同時に深い安堵をも感じている。銃を手にしたあの憲兵もどきを目にしたときは最後の時が来たと信じたが、軍隊の存在は私を安心させてくれる。私たちは高台に立つ一軒の家の前で止る。二人の兵士が階段の下で警戒につく。迷彩服の二人の士官と一人の兵卒とともに段を上る。私は荷物を返してくれるよう頼む。士官が、荷物を持っている兵士に中に入れと命令を下す。この家の主は、今日の午後、歓迎の意を表しにきた連中のひとりだ、偽善者め。ジャンダルマを呼んだのは彼である。この村で電話を持っているのは彼しかいないのだ。旅人を迎える彼なりのやり方なのだろう。この男の、人を避ける視線をとらえようとするが、むだに終る。士官たちの前にはいつくばり、彼らのどんなささいな望みも先回りしてかなえようと気を配っている。そんななにもかもが滑稽である。士官たちになにか言われて、この密告者は、ご自由に電話をお使いください、と言ってから部屋を出てゆく。英語を話す士官が、私の地図を見たいと言う。私は皮肉の笑みを浮べながら渡す。この人も宝探しをするつもりかしらん?

二人の士官は地図の切れ端のうえで額を寄せ合っている。注意深い人たちなら、ファズルが教えてくれた三つのシーア派の村につけた小さな目印に気がつくだろう。二人はその細かな部分には気がつかなかったようだ。彼らは長々と電話で話をする。私はあまりに混乱していて、なにを言っているのか理解しようとする気にもなれない。いずれにせよ、現在進行中のなりゆきをどうやったら押し止められるのか、私にはわからないのだ。結果が出るのを待つ、それが私の取るべき理にかなった態度である。電話が済むと、男は明確な命令を手にしている。

「一緒に来てもらわないといけませんね」

「どこへ?」

「兵舎です。あなたの安全のためです」

「私の安全は脅かされていませんよ」

自分が味わった恐怖のあとで、こんなことを言うのは、われながら少々図々しいような気がする。だが、なおも続ける。

「兵舎というのはどこにあるんです? 遠いんですか?」

「いいえ」

「一キロ、十キロ?」

「三、四キロです」

私は抵抗を試みる。

「だめです、私はここに留まる。明日は出発が早いんだ」

相手が兵卒に命令を与えると、兵卒はあわてて二人の兵士にドアを開く。そのひとりが私の腕をつかみ、引っ張って行こうとする。怒りがこみあげた。

「ひとりで歩ける。逮捕されてるんなら、手錠をかけるがいい」

士官がまた命令を与えると、兵士はもう同じ過ちを繰り返さない。しかし、私が逮捕されたことは疑いようがない。

状況はこのようにかなり珍妙なのである。英雄を気取ったり、茶化したりするのはだめだ。それに、軍人が相手では、なにがどうなるかわかったものではない。『ミッドナイト・エクスプレス』〔一九七八年公開のアメリカ映画。トルコで投獄されたアメリカ人旅行者の悪夢の体験を描く〕の情景が、じめじめした牢獄や乱暴な看守の姿が目の前をよぎる。どう考えていいのか、もうよくわからない。とにかく、おとなしく彼らについてゆくことに決める。いずれにしても、この続きは出だしにおとらず面白くなりそうだ。私にとってはどちらがいいのだろう？　いたるところにテロリストの影を見ているこの軍人たちの手中にある方がましか、それとも「シルクロードの宝」で妄想をふくらまし、「宝の地図」をかっぱらうためなら私の喉をかき切りかねない村人たちの手にある方がいいのか？

たぶん私が家から出てきたら、すぐに銃殺されるものと期待していた群衆は、私が去るのを残念そうに見送る。なんだかんだと言う声が後をついてくるが、人は来ない。二人の兵士が制止しているからで、その間に厳重な監視のもと、私は少し先に駐めてある車の方に連れて行かれる。兵士たちが集結するさい、好奇心で数えてみる。四十五人いて、さらに専用の黒い覆面軍用車を使う二人の士官が加わる。いまだかつて、これほど大勢の人が、私ひとりにかかりきりになったことはない。スターの座への道を歩んでいるような気がする。兵隊たちは三台のミニバスと機関銃を備え付けたオフロード車に分乗する。ミニバスの一台に乗ると、二人の監視の兵が私と並んでいちばん前の座席に坐る。こうして、自動車のキャラバンは闇のなかを出発する。私は振り返って、わが宿の「主《あるじ》たち」に最後の一瞥を投げようとする。窓ガラスには露が降りて、見えるのは闇ばかりだ。

兵舎への道

ほどなく士官が嘘をついたことがわかる。穴だらけの道を――スターの座への道は、きっと主の導かれる道と同様、はかりしれないものなのだろう――、車はのろのろと進む。運転手は穴ぼこをよけようとジグザグ運転する。道のりは五キロ、やがて十キロになる。私はどこに行こうとしているのか尋ねる。右側の新兵は答を拒否するが、ノルマンディーの農夫のような人のよさそうな顔をした左側の新兵がつい一言漏らす。「シワス」

ということは、四キロではなく、少なくとも四十キロ、いやそれどころか五十キロ先まで連れて行かれるのだ。移動のあいだ、私はどう考えてよいかわからない。将校たちの態度は、はっきり敵対的というわけではない。それなら、なぜ私を逮捕したのか？　ほんとうに私の安全が危うかったのだろうか？　もしそうなら、二、三人のジャンダルマで、私を保護するとまではいかなくても、危険を知らせることはできたはずだ。軍人たちは、私のことを危険人物として訴えたとおぼしき村人たちに、丸めこまれるがままになったのか？　兵舎に着いたら、どうなるのだろう？　私はトルコの軍隊やジャンダルマのやり方について書かれた記事をいくつか読んだことがあるが、それはあまり安心感を与えてくれるものではない。出発の数日前、「国境なき記者団」の囲み記事は、トルコのジャーナリストが警察に拷問を受けたことを伝えていた。私はトルコ人でもなければ、ジャーナリストでも――少なくとも公式には――ない。だが、彼らはそんな区別をするだろうか？　そして、もし彼らが私はジャーナリストだと知ったら？

映画のように、あの村での宵が頭のなかをよぎってゆく。遡って考えてみれば、今夜のあの農民たちの行動が明らかになる。彼らが私のいる家から帰ろうとせず、ドアの前に張りついていたのは、私が逮捕される現場を目撃したいと思ったからだ。そして、ムフタルの息子がパスポートを見たいという要求を繰り返したのは、軍人たちが出動する前に、できるかぎり詳しい情報が欲しいと言ってきたからだ。つまり、ジャンダルマがこちらに向かっていることは、みんなが知っていたのである。彼らを追い出したがために、私は彼らがその目で見ることを熱望していたドラマのどんでん返しを奪ってしまった。彼らは私の逮捕の情景をこんなふうに思い描いていたのだ。「機関銃を手に武装兵が部屋に突入、私が抵抗し、一斉射撃」。あるいはまた、「テロリストは死に、村が表彰される」。ドアの前にいた、ちゃちな鉄砲の憲兵もどきはといえば、軍があちこちの村に作り出している補充兵のひとりである。彼らは時代物の銃を持って、PKKの兵士に対抗する自衛団を組織しているとされる。反クルドのアルキ〔アルジェリア独立戦争でフランスに雇われた現地補充兵〕である。あの男は私が兵隊たちの手を逃れるのを恐れ、あそこに立ちはだかっていたのだ。小便をしに外に出なかったのは幸運だった、ズドンと一発食らうところだったのだから。禍福はあざなえる縄のごとしとはこのことだ。

青目中尉の取調べ

入口に装甲が施され、いたるところ兵士だらけ、アラモ砦のように防備を固めた兵営にようよう入ったときには、午前三時を回っていた。またしても監視の兵のひとりが腕をつかむ。私は動きを止め、前に進むことをきっぱり拒否する。相手は了解し、腕を放す。英語を話す士官の執務室に連れて行かれる。

だだっ広い部屋で、壁は何枚ものアタテュルクの肖像で飾られている。士官の名が机の上の札に記されている。ギョクギョズ（青い目）。その名前はあちこちに見え、織機の模型に組み込まれた小さな二枚の絨毯にも織り込まれていれば、壁の上にも……。この男は自分の名字が自慢なのだ。そして、スルタン統治の崩壊後、トルコ人が名と姓という西洋のやり方に合せるよう求められたとき、自分のじいさんがこの姓を選んでくれたことに満足を覚えているにちがいない。とはいえ、私は彼の目がちっとも青くないことに気がついた。メンデルの法則は無情だが、法則は法則だ。

彼は私に大きな両袖机の前の椅子をすすめる。

「チャイ？」

「イエス」

不運にもめげず、相手がアリハジュと兵舎をへだてる距離について大嘘をついたにもかかわらず、私は怒りを表に出すまいと努力する。

「あなたのザックを調べる必要があります。村の人たちは、あなたをテロリストとして告発してきたのです。ザックのせいです」

「彼らはリュックサックを見たことがないんですか？」

「調べないといけません」

「私に選択の余地はほとんどないと思いますが、できればその前に、私の国の大使館に電話して、私が逮捕されたことを知らせておきたいんですが」

「明日の朝にどうぞ」

「だったら、ザックを調べるのは明日の朝まで待ってください。で、これから？」

「今夜はここでお泊りいただきます」

「つまり、私は逮捕されたんだ……」

「いいえ、あなたは私どものお客さまです」

私はせせら笑う。ふてぶてしいやつだ、小太りで、間伸びしたキンキン声と善人ぶった柔らかい物腰のこの大男は。部屋の入口に控えていた兵卒がザックのところに来て、口を開けると、中身を出しにかかる。兵卒は物を取り出すたびに、それを士官に渡す。士官は念入りに検めてから、床に置く。兵卒は手書きのものや印刷物は、すべて自分では読まずに片っ端から「青目」に手渡す。こちらはそのすべてを蚤取り眼であら探しし、いくつかの書類は机のランプにかざして透かし見る。本、道路地図、覚書のノート、住所録（絵葉書を出すための）、メモ帳、偏執的な念の入れようで調べ上げないものはひとつもない。私はもともと用心深い質なので、オジャランという名前と彼の指導する党の頭文字PKKは、それに関係する出来事や感想を記すさいに、絶対に書きつけなかった。自分なりのちょっとした暗号を考えておいたのだ。士官が探しているのは、明らかにこの名前だ。それから、町に泊るたびに書いたものをフランスに送っているので、記録の大部分はすでにパリで安全を守られている。イランに持ってゆく資料で、必要があるまで別にまとめてあるもの（本、地図……）も、じつに入念な点検を受ける。この検査は私を極度に苛立たせる。私自身が裸にされているような感じだ。前にも言ったように、金目のものはないけれど、私の旅には大切このうえない品々が、いまや木張りの床のあちこちに散乱している。出発以来、すべてをきちんと整理しておこうと努めてきた私には、これは許しがたい乱雑さに思われ、ここに来てからずっと坐らされていた椅子を立って、不満の意を表明する。

ザックがやっと空になると、兵士とその上官は、まるで不吉なものを前にしているかのように、目を凝らしてそろりそろりとそのまわりをひと回りし、今度は縫目のひとつひとつを手でさわって調べる。まったくもう、それをさわって、なにを探すというのだ！ それから、士官は部下にすべて片づけるよう命ずる。おっと待った、ちゃんと整頓してあった荷物をごた混ぜにされてたまるものか。私は自分でひとつひとつビニール袋に入れ直し、その袋をザックの所定の区画にしまう。検査を終えた「青目」と探り屋の兵卒は、私が片づけるのを黙って見守り、私は極端なのろさで仕事に専念し、ちょっとした仕返しをしてやる。ナイフをザックのポケットにしまうときには、挑発的にこう言ってやる。

「私が武器を持っていることに気がつきましたか？」

そして、仕事を終えると、

「さあ、これで満足しましたか？ あなたがたは、私がテロリストでないことを確認できたわけだ。アリハジュに連れ戻してくれますか？」

「だめです。お望みなら明日。でも、いずれにせよ、あそこは危険です。いまはとにかくお休みください、私もそうします。もう遅いですから」

「ザックの検査はアリハジュでやって、私をあのままいさせてくれることはできなかったんですか？」

「……」

「ホテルに連れて行っていただけませんか？」

「だめです。あなたは私どものお客さまです。私は……」

「でも私はあなたがたの客になんかなりたくない！」

「……いまお部屋に案内させます。かならず鍵をかけてください。カメラも預かっておきます。ここは軍用地で、写真撮影は禁止されていますからね。明朝、お返しします」

「あなたがたは私の意志に反して私を拘束し、監禁する。ということは、あなたがなんと言おうと、私は逮捕状態にあるわけだ」

「繰り返しますが、あなたは私どものお客さまです……」

彼は立ち上がりかけるが、思い直す。

「怒ってますか？」

私はその質問に唖然とした。人を怒らせておいて、今度は図々しくも人の機嫌を知りたいと言う。少なくとも、私はそのように理解した。

私は遠慮しない。なにしろ私はお客さまなのだし、この間ずっと苛立ちを抑えようと努めてきたのだから、このさい言いたいだけ言わしてもらう。

「私が怒っているかどうか知りたいとおっしゃるんですか？　その通り、私はとがめられることなどひとつもないのに、犯罪者のように寝床から引っ張り出されたことに怒っています。そうです、私の歩いているルートから五十キロも離れたところに連れて行くくせに、あなたは四キロ先に行くだけだと断言して、私に嘘をついたことに怒っています。大使館に電話できないのに怒っている、明らかに逮捕され、意に反して拘束されているのに、逮捕ではないと言い張るあなたの偽善に怒っている、人身保護制《ヘビアス・コーパス》という言葉自体がトルコ語には明らかに翻訳不可能なのに、民主主義を名乗る国を旅行していることに怒っている。私は怒っている、なぜなら私はあなたがたが私のパスポートを要求し、危険な村に行けば生命が危ないと私に言う権利は認めるけれども、私のかわりに決定を下す権利は認めないからだ。私は成人であり、自分のことは自分で責任を負う。あなたがたは、観光客としての私に警戒を促し、さらには私の安全を保証する措置をとることもできる。しかし、私があなたがたの国の法律を守っているかぎり、あなたがたには私をどうこうする権利はいっさいない、そして私は実際ちゃんと守っているんだ」

ひとりは理解し、ひとりは理解できないが、そろってあっけにとられている二人の軍人を前に、私はあまりに長いあいだこらえていた恨みをぶちまける。今朝から感じつづけていた恐怖と怒りを掃き出そうとして、ほとんど叫んでいるようなものだ。調子が出てきたみたいなので、より一般的な考察で話を締めくくる。

「……それで、あなたがたは欧州連合への加盟を要求してるんですね？　でも、世界人権宣言を学ぶために夜学に通わなくちゃいけなくなるでしょうね」

「でも……」

後は続けさせない、私はまだ終っていないのだ。

「私はフランス人観光客で、バカンスでお国に来ています。私は丁重な扱いを受ける権利がある。あなたが最初にやるべきだったのは、私の国の大使館に電話することだった。私が何者か説明してもらえたはずだ。けれども、あなたはこの権利を認めようとしない。宣伝に大金を使って、バカンス客の天国だなんてうそぶくのはやめるべきです」

英語を一語も解さず、この要求の洪水にうんざりさせられたにちがいない兵卒は、嵐の最中に部屋を出て行った。「青目」はやっと言葉をはさむことに成功する。

「でも、私はただあなたが『空腹』かどうか知りたかっただけですが」と、ようやく「h」をはっきり発音する。

ほんとうは、「青目」は礼儀正しく私が腹が減っているかどうか尋ねたのだが（アー・ユー・ハングリー？）、「アー・ユー・アングリー」（不満ですか、怒ってますか？）と発音してしまったのだ。

私は誤解に気づくが、彼に向って怒りを吐き出したことで、溜飲が下がった。いずれにせよ、発言を撤回するなんてことはありえない。さすがに口調は和らげながらも、私は続ける。

「いや、腹は減っていません。ただ、喉が渇きました。ビールがあればありがたいんですが、どのみち町に出て飲むことはできないわけですからね」

「ビールはありません。ここでは禁止されているのです。でも、ウィスキーならあります」

ウィスキーでも結構！　なみなみ注いでくれたやつをちびちび飲む。イスタンブルを発って以来、アルコールを口にするのははじめてだ。怒りはおさまり、疲れが戻ってくる。

部屋に案内する兵卒の手に私を委ねるまえに、「青目」は言い訳するように、アリハジュの住民は私をテロリストと思い込み、自分は職務上、確認しなければならなかったのだと言う。私は、たしかに彼にそうする権利はあったが、ここに連れてくる権利はなかったと答える。

忘れがたい六月十六日

私は相変らず不機嫌に部屋のドアに鍵をかけることを拒否する。兵士は命令を受けており、私は彼をそれ以上困らせたくはない。鍵をかけて閉じこもってくれないと、自分が罰せられる、と彼は言うのだ。それで、状況のばかばかしさをひそかに笑いながら、鍵をかける。彼らはなにを恐れているのか？　新兵のだれかが押入ってきて強盗をはたらく、あるいは「テロリスト」とみなされている私をやっつけにくる？

こうしたなにもかもが頭を悩ませるが、たいしたことはわからない。「青目」とその手下の未熟さというかおめでたさもやはり理解できない。もし私が読まれて困る書類を持っていたら、荷物のなかに隠すのでなく、身に着けておくに決っている。ところが、彼らは私の身体検査をすることを考えもしなかったのである。

うとうとしだしたところへ、近くにあるいくつかのモスクのスピーカーが祈りのよびかけを始める。五時になったが、この六月十六日のことが記憶から抜け出ようとしない。午前中の千キロ突破から、トラクターの食わせ者三人組による窃盗未遂、そしてアリハジュでの逮捕まで、たっぷりすぎるほど心の動揺を味わったのだ。

これらがみな不運が続いただけにすぎなくて、これからは呑気さを取り戻し、心静かに旅を続けられることを期待したいものである。しかし、夢に身をゆだねる直前、私はすでに自信を失いかけている。

IX キャラバンサライ

シルクロードはアスファルトの道？

七時三十分にルームボーイの兵士がドアをノックした。私はほとんど寝ておらず、おそらく疲労のせいだろう、怒りがおさまっていない。

「ギョクギョズ中尉が執務室においで願いたいとのことです」

「朝食がすんでからだ」と私は横柄な口調で言う。

兵卒は動転してしまう。「青目」の命令に従うのが当り前になっている彼には、私が同じようにしないのが理解できない。彼は当分困らないだけの命令を仰ぎに行き、ほどなく盆を手にして戻ってくる。私はまた眠っていた。私は慌てず急がずゆっくり食べる。だらだらと時間を稼ぎ、しぶしぶ食べてやる、それが弱い者の武器である。ようやく食べ終えると、兵卒は盆を取り上げ、服を着て下に降りていただけませんかと言う。

「そのまえにシャワーを浴びよう」

彼はまたまた命令をもらいに行く。戻ってくるのを待つあいだ、中庭で繰り広げられている光景を観察する。練兵場のまんなかにじっと立った下士官が、あらんかぎりのサディズムを発揮して、若い兵士の一団を武器を持っての教練やランニングや腕立て伏せでへたばらせようとしている。私はシワスに連行されるあいだ、となりに坐っていた若い兵士から返ってきた答が頭に浮かんで、頬がゆるむ。その兵士がどこから来たのかと尋ねるので、私は徒歩旅行やシルクロードのことを懸命に説明していた。と、ふと疑問にかられ、聞いてみた。「シルクロード、知ってるよね？」「もちろん。アスファルトの道路のことでしょ」。それで私は思うのだ、下士官たちは兵士を水汲み水車のまわりを回る驢馬みたいにぐるぐる走らせるより、自分らの過去を教えたほうがよかろうに、と。

ルームボーイ兵士が戻ってこないので、シャワー室を探しにジャンダルマがぞろぞろ行き交う廊下に出た。

トルコ人いろいろ

「青目」の執務室に入ったときには八時三十分を回っている。彼は一時間も待っていた。彼の向い側にとても上手な英語を話す若い下士官が坐っている。中尉殿は昨夜の発音の間違いを繰り返すようなことがあってはならじと、通訳を使うことにしたのである。私たちは茶を一杯飲む。それから、私はすぐさま攻勢に出ることにする。

「昨夜、いろいろ考えてみました。おそらくあなたのおっしゃるとおりで、私も無用な危険を冒したくはありません。ですから、アリハジュの先の二、三の村は避けようと思います。そこで提案ですが、私が辿っていたルートに連れ戻していただきますが、少し先のイェニキョイまで行っていただきたい。ただその前に、昨晩取り決めたとおり、大使館に電話したいと思います」

「それは考えてみましょう」と、とりなすように「青目」が言う。「でもその前に司令官が決定……」

言い終らぬ先に私は飛びかかる。

「なんですって？　決定？　なにを決定するんです？　私は軍人でもなければトルコ人でもない。あなたの司令官は、あなたのことなら好きなように決定すればいい、あなたは部下なんですからね。私のことは、決定してもらうことなんかなにもない。それに、とにかくなにより先に、昨日の夜あなたが約束したとおり、大使館に電話をかけさせてくれることを要求します。そうでなければ、あなたの司令官には会いに行きませんよ」

「青目」は、それまで一言も発していなかった若い兵卒に、うんざりしたような雄弁な視線を投げる。その意味は、「ほらな、この人は手に負えないよ」。彼はなにも言わずに立ち上がり、どこかに行ってしまう。一時間近くたって、やっと戻ってくる。

「あなたを外国人警察に引き渡すことにします」

つまりこれは、「青目」とその司令官が私を厄介払いして、お仲間に押しつけようと決めたわけだ。それまでとは別の兵卒が私のザックを手に持ち、中庭で待っている運転手つきの車まで私を先導する。十分後、私たちは「ポリス」の建物にいる。怒りはいまもっておさまらない。外国人警察の部長ムスタファ・カチャルに対して、私は「青目」に言いつづけてきたことを繰り返す。

「大使館に電話したいのです」

「もちろん結構ですよ」と彼は言う。「まあとにかく、茶にしますか、それともコーヒー？」

「昨日の夜以来、私はずっと逮捕状態にあると思ってきました。あなたのところでは、私は行動の自由があるんですか？」

「もちろんですとも。だいたい、私は連絡をもらえなかったことが理解できないのです。外国人に関することはすべて私の受け持ちであって、ジャンダルマは昨夜のうちに私に連絡をとるべきだったのです」

この人は、物静かで、感じがよく、見事な英語を話す。部下に話すときは、彼らが言いつけられたことを喜んでやるのがはっきりとわかるような話し方だ。私たちの会話は、この人が私に示す好意に見合ったものである。つまり、礼儀をわきまえ、おたがいに気持を通わせながら話ができる。ムスタファは、自分はダーダネルス海峡があるチャナッカレ県の出身だと教えてくれる。

アンカラのフランス大使館への電話は、まず男が出て、女がそれに代った。彼らが同胞の救出に飛んでくる、とは言いかねる。彼らの説明からすると、事態はつぎのようになる。「危険地帯があるのです。あなたはよりによってそこに足を踏み入れてしまいました。ジャンダルマはやりたい放題のことをやります。彼らとは交渉のしようがありません。したがって、大使館としては、あなたが逮捕され、所持品の検査を受けたときのやり方に不満を訴えるための抗議はいっさいいたしません。もしあなたがいまのルートを続けるつもりなら、また検査を受け、逮捕され、さらにはジャンダルマの気分しだいで、一日か、一週間か、あるいは二週間にもわたって勾留されることも覚悟しなくてはなりません」。私のトルコ横断徒歩旅行が、彼らには厄介の種としか思われていないことは明らかである。彼らは、イスタンブルの領事館から私に関する書類が送られてきていないので、パスポートのはじめの数ページをファックスしてほしいと言う。

アンカラにファックスを送ってもらっているあいだ、ムスタファと私はさきほどの会話の続きをする。気持のよい、教養のある、世界に向って心の大きく開けた人だ。これまで会うことのできたトルコ人の大部分とはまるで違って、彼の見事な英語は、たんに教養の一部なのでなく、むしろ外国の事物に対する深い関心の証である。旅行経験の豊富な彼は、西欧民主主義国でのトルコのイメージが嘆かわしいものであることも自覚している。部下がファックスが済んだことを伝え、私にパスポートを返してよこすと、彼は私の当面の計画を尋ねる。

「せっかくシワスにいるわけですから、シルクロードの非常に重要な宿駅だったこの町の見学をしてみようと思います。そして、明日の朝、ギョクギョズ中尉が約束してくれたとおり、もとのルートに連れ戻してもらいます」

ムスタファは、私が近づこうとしている山岳地帯がきわめて危険なことは間違いないと言う。ジャンダルマはその一帯を常時パトロールしている。PKKの戦闘員は待ち伏せしており、午後遅くなると銃撃してきて、自分の庭のように知りつくしている山野に消えてゆく。彼はアリハジュの先の区域は避けるように忠告し、電話で町の中心部にあるホテルを探してくれると、部屋代の交渉をして半額に負けさせ、そこまで自分の車で送ってくれた。別れぎわには、直通電話の番号を教えてくれ、シワス管区でまた困ったことがあったら電話してくださいと言い残してゆく。

シルクロードの危険

昨日の夜は短く、めまぐるしく過ぎた。疲労回復の昼寝に身をゆだねる前に、「青目」とムスタファ・カチャルによって、現在のトルコの二つの顔を見事に代表する二人の男に出会ったことを考えずにいられない。メフメット・ギョクギョズは、「トルコ人」が「兵士」の同義語だった時代の直系の継承者である。戦と、王の定める法というアジア的な伝統。彼は、事実上国を支配している軍を代表する男たちの一員である。軍は、なにをしても罰を受けないことを確信し、世の中の動きが軍の考えに合わない方向に行っていると判断すると、力に訴え、クーデターさえ辞さない。ムスタファ・カチャルは、それとは対照的に、私がしばしば出会った学生たちやアマスヤの中学生たちに道を開く開拓者である。あれらの若者は、世界に対して広い関心を抱き、外国語を学び旅することをあこがれているが、それはこの世代の目にヨーロッパやアメリカが魅惑的に映っていることを示している。

シワスの中心部には、モスクやコーラン学校といったセルジューク朝時代の美しい建築の秘宝がいくつかあり、これらは地震や幾度にも及ぶ侵略、そしてどんなにひどい野蛮にもまして破壊的なコンクリートの奔流によく抗してきた。見学、写真、私はしばらく観光客をやる。しかし、心ここにあらずである。前日の出来事が胸にわだかまっている。破局の時代が始まってしまったのだろうか？

千キロ通過、窃盗未遂、そして軍の介入は、いみじくも二千年以上にわたってキャラバンをおびやかしつづけた危険を要約している。「喫茶室」に改造されたシワスのキャラバンサライの二階で席に着いた私は、商人や駱駝引きたちが恐れたこの三つの災いのことを考える。すなわち病気と怪我、自然災害に盗賊、それから戦争。シルクロードは墓標の連続である。死は山並や砂漠の上を飛び回り、予告なく襲いかかった。ポーロ兄弟と若きマルコが二十五年の留守の後に舞い戻ったとき、人々が彼らは死んだものと思い定め、彼らの遺産を分配していたとしても、どうして驚くことがあろう？

ペストがヨーロッパを襲ったのは、宿駅の町々で死をばらまきながら、シルクロードを通って伝わってきたのである。私は昨日たしかに千キロを越えたが、二千キロを越えられるとだれが保証してくれよう？　足の痛みを別にすれば、ここまでは健康に問題はなかった。肉体的には上々の調子できている。しかし、道はまだ遠い。それに、ときには食物や身体の最低限の衛生をも顧みずに旅している状態では、ぴんぴんした体でテヘランに着けるという保証はどこにもない。

盗みはシルクロードでは絶えざる脅威だった。昨日私の身にふりかかったことからして、現在でもそうであることは間違いない。盗賊団は岩壁にはさまれた隘路でキャラバンを待ち受け、商人たちに襲いかかり、積荷と乗用の家畜を分捕り、旅人たちの金貨と、ときには生命も奪った。目の前を毎日列をなして通り過ぎる絹や香辛料といった高価な品々が、定住民たちの激しい欲望を呼び起こしたのである。私も知らず知らずのうちに、同じ欲望を引き起こしている。アリハジュのような貧しい村々では、私は豊かな国から来た金持と見られる。そこから、私のザックに宝物が隠されていると考えるに至るまでは……。実行に移されたことは、アリハジュの手前でのトラクターの一件までなかった。けれども、私の腕時計がポケットの底深くしまわれているのは、それが携帯コンピューターのような外見をしていて、物欲をかきたてたからだ。安物の腕時計と交換しようと申し出られたことがもう何度もあった。単刀直入に、それをくれないかと言った少年も二人いたくらいである。

追い剝ぎたちは、千頭もの駱駝からなり、戦う覚悟を固めた男たちが百人もいるようなキャラバンを襲うのはためらった。しかも、キャラバン隊長は、輸送隊の安全を確保するために数人の武装兵（たいていはアルメニア人）を雇っていた。キャラバンサライは正真正銘の要塞であったから、そのなかでは安全が保たれていた。危険があまりに大きいときは、パシャが数十名の槍騎兵からなる護衛隊を提供し、しばらくのあいだ旅人たちに付き添わせた。シルクロードから上がる収入は地方領主の主要な財源だったから、安全を保証してやることが利益にかなったのだし、さもなければキャラバンはルートを変更してしまった。そうなれば、高価な荷を運ぶ者たちから取り立てる税よさらば、である。商人たちを安心させようとする気遣いは大変なもので、当時の行政当局はすでに保険制度を発明していた。万全の備えをしたにもかかわらず、旅人が盗賊の被害に遭った場合は、盗まれた商品のリストをパシャに提出し、パシャ自身またはスルタンによる補償を受けたのである。たしかに今日のトルコには、街道に出没する盗賊団はもはや存在しない。しかし、単独行で武器も持たぬ私は、人の気をそそる、いいカモである。私の「宝物」を奪うには、五十人もの人間は必要ない。

遠い昔の時代から、シルクロードは絶え間のない戦争の舞台だった。今日でも戦争にはことかかず、中央アジア全域が現在もなお激しい地域紛争に蹂躙されている。この旅行の準備段階でも、コースを選ぶさいに、そのことを考慮に入れなければならなかった。選択肢となる昔のルートがいくつもあった。私は地中海にのぞむかつてのアンティオキアを出発点とし、シリア、イラク、イラン、そしてアフガニスタンを横断したかった。崇高な国々、豊かな歴史を誇る土地と住民たちである。しかし、そこでの危険は火を見るよりも明らかだ。

また、ステップ・ルートを取ることも問題にならない。トルコとアルメニアの国境は閉鎖されている。カフカスはといえば、チェチェンでくすぶっていた戦争の火種がいつ再燃しないともかぎらなかった……そして、やはりそのとおりになった。ただ、なにより不愉快な危険と思われたのは、この国が国技にまでしてしまった外国人旅行者の誘拐であり、グローズヌイの大広場には身代金の額を記したポスターが張り出されるのである。だめだ、みすみす餌食になりに行くなんて真っ平だ……。

それでもやはり、私は自分の選んだルートで、クルド人の革命党が国家にしかけている戦争に直面させられている。昨日逮捕されたことからして、目下進行中のオジャラン裁判が新聞やテレビのトップニュースを飾り、人々の頭を熱くしているだけに、エルズルム——トルコ領内のクルディスタンの境界——から先は事態が深刻になるのではないかと思えてくる。

こうした危険を前にして、キャラバンの隊員たちはどうやって情報を得ていたか？　私にくらべて彼らは恵まれていた。私ときたら、メディアの語ることが理解できないのだ。イギリスやフランスの新聞など、私の通る観光とは無縁なルートでは、見事なまでに見かけることがない。商人たちは、ただひとつの場所ですべてを知ることができた。キャラバンサライである。そこはあらゆる利便を提供したが、まさに新聞代りとなる口コミの場でもあり、毎日、利用者たちによる情報が飛び交った。ある商人がもうひとりにこう言えばよかった。「私は東から来て、あんたは西から来た、疫病や盗賊、戦争はいまどこらあたりが危ないか言っとくれ、こちらはこちらで知っとることを教えてやろう」

私の行程では、アリハジュ村が危険でない地域と危険になる地域との境界になるのだろうか？　チフトリクでは、二人の男が、たしかにおずおずとではあるが、腕時計と金を取ろうとした。昨日は、三人の男が、もっと乱暴なやり方で金品を奪おうとした。だが、最悪の暴力は、アリハジュの住民たちのそれ、彼らの集団的狂気、貪欲さ（金、宝物……）、そして無知（リュックサックが私がテロリストである証拠）だった。おそらく軍の介入が、私をこの妄想から救い出してくれたのだろう。けれども、相手にするなら、もっと話のわかる軍人がよかった。たとえば、ムスタファのような。

嘘の上塗り

六月十八日朝、「青目」に電話し、約束のとおり、彼が私を連行したルート上に連れ戻してくれるように言う。彼は運転手と自動小銃で武装した二人の兵士を乗せた車を回してよこすが、彼らは私をアリハジュで降ろすよう命令を受けている。私はそこは気が進まず、三十キロ先のイェニキョイまで連れて行ってくれるよう頼む。規律を遵守する兵士たちは命令を仰ぐ。「青目」は拒否する。そこは彼の管轄区域ではない。私はバスに乗るだけのことで、切符代まで軍が面倒を見てやろうという。

彼は私同様、イェニキョイに行くバスなどないことを知っている。私はもう相手にしない。この男は、口を開くたびに嘘をついた。

再出発

私が辿っていたルートにどうやって戻るか？　いまはそこから、間違いなく危険な区域を通る歩きで、少なくとも二日はかかるところにいる。シワスのバス・ターミナルをさんざん歩き回り、ようやくスシェヒリに行くバスを見つけた。その経路は、一夜の宿を乞うつもりでいたエキノズという名の村を通る。そこで降ろしてもらおう。そのバスの道は、有名なカラバユル峠も通る。そこはあまりに険しいので、キャラバンの隊員たちは「ベギエンドレン」という異名をつけていた。「領主を馬から下りさせる」というような意味である。

バスから眺める風景はすばらしい。道路ぞいの一軒のレストランの看板には、「シルクロード」とトルコ語で——これはふつう——、それから英語で——これはめったにない——書かれている。北の方では、いまも雪をいただく高山の峰々が陽光に輝いている。バスはスシェヒリを目指して進路を北に変えるのかと思ったら、交差点で曲がらずに、そのまままっすぐ東に向って走りつづける。私はあわてて運転手のそばに行った。運転手の説明によると、より近道で状態のいい、新しい道路が開通したので、このバスの路線は、あまりに走りづらく、危険な旧道は通らなくなったとのことだ。さらば、カラバユル峠、さらばエキノズ……。また失望を味わい、その結果、全部で三日分になるアリハジュとスシェヒリのあいだの行程を歩きそこねたことになる。結局のところ、それを残念がることがあろうか？　ムスタファ・カチャルの警告するところでは、私はそのあたりでは軍の検問に悩まされつづけ、さらに悪いことには、ＰＫＫの狙撃手の標的になったかもしれない。ときには私も慎重なところを見せなくてはいけない。そして、六月十六日、私の「暗黒の一日」に味わった激しい恐怖が完全に消えてはいないだけに、よけい慎重にならざるをえないのである。

なかでも、銃を握り締めて部屋のドアの前に立ちはだかっていた男の姿が、いまも頭から離れない。まさにあの瞬間、私は殺されるのだと思った。正直言って恐ろしさに震え上がったが、かなり奇妙なことに、それは恐慌をきたしたからでも、ほんとうの意味で死の恐怖のためでもなかった。われわれの過保護社会では、死の歩みは隠されている。われわれはそれを隠蔽し、もみ消し、はねつける。私は自分の最期をしばしば考えた。それを願うことさえあった。しかし、私の人間としての経験において、それをあれほど間近に、真正面に見る機会はなかった。そして、たしかに「太陽も死も、じっと見つめることはできない」（ラ・ロシュフーコー）……。ところがあのとき、私の死はそこに、私のリュックサックに怯えた物知らずのばか者の筋張った人差指にぶらさがっていた！

ヴェネツィアを発って以来、自分の冒している危険についてはしばしば考えてきた。言うまでもなく、私はこの道で生命を危険にさらしている。だが、私の考えでは、それはノルマンディーとパリを結ぶ高速道路を車で走っているときや、たとえ横断歩道を使おうと、シャンゼリゼを横断するとき以上のものではない。とはいえ、私は世間知らずでもない。歩いて旅するとは、人との接触に身をさらすということだ。つまり、善意にも会えば、悪意にも会うということである。もしどうしてもベッドで死にたいなら、旅に出るべきではなかった。だが、この点に関しては、私の考えははっきりしている。ベッドで死にたいと願い、そこからけっして離れようとしない人は、すでに死んでいる。

どうしても歩きたい

標高二千メートルの峠をこれから越えようとするところで、運転手は私の求めに応じて、人気のない道路に私を降ろす。乗客はあっけにとられ、人の住む村から直線距離で十キロ、スシェヒリからは二十五キロ離れた地点で私が降りるのを見守る。運転手はそんなところに私を置き去りにするのを渋った。危険すぎる、と彼は言う。そこで私は、どうしても山道を通って、アクスという いちばん近い村に行きたいのだと言っておいた。ほんとうは、足がむずむずするのだ。天気がよすぎて、こんな輪っか付きの箱のなかで汗をかいてはいられない。それは速すぎる。私はこの起伏に富んだ風景を自分のリズムでとっくり眺めたい。静寂がもどり、それをかき乱すのは砂利を踏みしめる私の足音だけ、そしてときには、この新しい道路の坂をよじ登るトラックの唸り声。道路は急流の川筋に沿っているが、川は何千年もかけて山を掘り削り、仕上げ工事をブルドーザーに任せただけである。

クロッカスの大きな絨毯が細かく震え、ぶんぶんいっている。近くで見ると、何百万匹もの蜜蜂が、一心不乱に花粉をむさぼっている。クロッカスの仲間のサフランは、トルコのいくつかの地方で、いまも香料のサフランをつくるために栽培されている。一キロのサフランを得るには、十万個のサフランの花を摘まねばならない。かつてそれは貨幣の代りに使われた。サフランボルという、美しいオスマン帝国時代の家屋が残る小さな町では、ふた家族がいまでも「クロクス・サティウス」を栽培して、上質のサフランをつくっている。

高度が下がるにつれ、暑さが増してくる。急流と道路のあいだの木立ちが涼しい日陰を提供してくれる。ポプラ並木の葉陰でパンひと切れとチーズの昼食をとり、短い昼寝をする。しだいに「暗黒の一日」のストレスが消えてゆく。心に平静が戻ってくる。

その後、元気よくふたたび道につくと、一台の車がブレーキをかけ、乗ってゆけと言う。私は陽気に断る。また車が停まってくれるということは、このあたりでは恐怖は用なしということだ。そして、本日の見せ場、それは急停車して、乗らないかとすすめてきた救急車である。

「いまのところは結構です。たぶんまたあとで……」

運転手とその相棒が笑う。彼らは私のことをなんでも知りたがり、車を駐車させてくると、私に旅物語をやらせる。それからまた出発するが、チョコレートバーをくれるのは忘れなかった。

東洋の情報リレー

スシェヒリはシルクロード上にあって、非常に往来の多かった宿駅である。J－B・タヴェルニエは、この町に宿泊したとき、キャラバンの数があまりに多いので、だれも税を支払わなかったと語っている。キャラバン隊員たちは道を急ぎ、手際がひどく悪く、数をさばききれない収税吏たちを無視した。現在そこは、観光客の興味を引くものなどなにもない小さな田舎町である。局留めの郵便物が来ているかもしれない郵便局で、局員がたしかに私宛ての手紙が届いていると言う。それは実に珍しいことなので、封筒は金庫に保管されている。ところが、なんたることか、彼の同僚が鍵を持って休暇にでかけてしまった。急を要することがなにもないことを祈りつつ、十日ほどで到着する予定のエルズルムに回送してもらえないかと頼む。

翌朝、滋養たっぷりで熱々のメルジメック・チョルバス〔レンズ豆のスープ〕を啜り、食堂を出たところで、二度目の傑作写真の撮りそこねをしてしまう。一度目はゲレデで撮りそこねた。路地裏をぶらついていたとき、ガラス張りの床屋をのぞくと、立派な老人が、老人自身に劣らず立派な白い顎鬚を生やしていて、店の主人が泡だらけになりながら、その頭を剃っているところだった。その光景はほんとうにおかしかった。想像していただきたい、色の黒い鷹のような横顔が、それとぴったり釣り合う純白の泡の羽飾りをのせて、長く伸びているのを……。もし私に絵の才能があったら、たちどころに挿絵を描くところだ。悔しいことに、カメラにはフィルムが入っていなかった。スシェヒリでの逃すべからざる写真、それは陽気に笑いさざめく荷を積んだトラクターである。要するに、若者たちがびっしりと乗っているのだ。彼らは泥よけにもボンネットにも鈴なりになり、座席に積み重なり、農具にしがみついている。私がカメラを取り出したときには、もうみんな降りてしまっている。数えると、車上にあったのは少年十七人に運転手。すでに知っていたことが、あらためて確認される。私はほんとに写真が下手だ。

未練なくスシェヒリに別れを告げ、町の出口にあるダムでできた人造湖の方に降りてゆくと、男がひとり、全速力で走ってくる。その人は郵便局員の使いで、十六時まで待ってくれれば、それまでに金庫の鍵をなんとかできるだろう、ということを伝えにきたのである。こういう摩訶不思議なコミュニケーションの手段には、いつもながらほとほと感心させられる。まさにそのコミュニケーションというものを表看板に掲げてこなかった国民がそれを持っているのである。休暇旅行に出ている人が例の鍵を届けられるとは、どういう神秘的な方法によるのか？　また、この見知らぬ人は、私はもう町を発ったというのに、どういう情報のリレーがあって追いついてきたのか？　これこそ東洋の謎である。

だが、私は待つつもりはない。この魅力のない町に長居はしたくない。湖に沿って十キロほど歩く。気温は高いが、ほとんど汗をかかないから、私の速度と塩分摂取量はちょうどいいにちがいない。交通量のかなり多いこの道路を続けるべきか、それともまた村々を通る道に分け入るべきか？　そこに戻らないかぎり、六月十六日に私をとらえた恐怖が心の底にいつまでも残ることは自明である。しかも、先に延ばせば延ばすほど、恐怖にからめとられることになるだろう。

そこで、ただちに実行に移り、貯水池の南から片田舎へと続く山に入る。勾配がきつい。周囲のようすが一変する。右手の土は緑色で砂を含んで砕けやすく、目の回るような急傾斜になっていて、道からほとんど垂直なその崖の下を流れる急流の水音がここまで聞える。反対側の土はくすんだ黄土色で、錆の色である。急流に沿ってまばらに灌木の茂みがあるほかに緑はない。子供たちが水のなかで遊び、そのはじけるような笑い声がこの冷たく月面のような風景に人間味を与えている。

一夜の親友

アクシャルという小さな村で、開店を明日に控えた食堂の備品の設置を終えようとしている二人の男としばらくおしゃべりする。三人目は油から煙の上がった鍋で茄子を揚げている。上半身裸だが、ベルトにピストルがぶらさがっている。私が驚いたので、彼は自分は警察官で、友達の手伝いで料理をしているのだと言う。アクシャルを過ぎると、道路が消え、家畜の群が通った跡を目印に方角を確かめながら進まなくてはならない。そこを登りつめると、泊るつもりにしているエレンジェ村が見える。だが、到着を急いではいないし、Tシャツが汗びっしょりなので、急流の浅瀬を渡ったところで着替えをし、ついでに着ていたものを川で洗って、ザックに掛けて干す。背中に白旗を張りつけているみたいだが、このあたりではかえって好都合な合図だ。

エレンジェのムフタル、アリフ・チェリクの住む農家の中庭に足を踏み入れたときの私は、こんなへんてこなりをしていたのである。彼は驚き、心を閉じ、敵意を見せる。パスポートを要求し、電話口に急ぐと、ジャンダルマを呼ぶ。私はザックを背負ったまま中庭のまんなかに佇み、これはじきに厄介なことになるなと思う。電話が鳴り、私にかかってきたのだとアリフが手招きする。ジャンダルマは、ここから十八キロ離れた署に出頭しろと命ずる。私はあからさまにせせら笑ってやる。書類を見せに行くのに十八キロ、帰りもそれだけあるから、合せて三十六キロだ。私はスシェヒリからここまで四十キロ歩き通したばかりで、今晩またやり直すつもりはない。パスポートを見たいなら、そっちが来ればいい。

私は荷物をそばに置いて、中庭のまんなかに腰を落ち着ける。アリフは自分の仕事にかかる。彼は見るからに私がいることで非常な混乱をきたし、どういう態度をとったらいいのかわからないでいる。私はわかっている、ただ待つことだ。今夜また兵舎で寝ることになるのではないかと真剣に自問する。何度も電話が鳴る。ジャンダルマはしつこい。また私と話をしたがる。私は主張を譲らず、詳しいことを知りたいなら、「青目」と、それからとくにムスタファ・カチャルに電話するようすすめる。

こうしているあいだに、アリフが私と話を始めた。私がイスタンブルから歩いてきたということが、彼にはどうしても信じられない。私はノートと地図を広げ、辿ってきたコースをなぞってみせる。それで彼は緊張をほどき、私たちは一緒に彼の小さな農場を見てまわる。私は彼がトラクターに乗っているところを写真に撮ろうと提案する。貧しく辺鄙なこの地方にあっては、トラクターはことのほか大事なものなので、農民たちはそれに色どり鮮やかな布や絨毯を着せてやっている。彼のは幾何学模様の浮き綾織で飾られているが、灰色と緑がかった色合いが軍の迷彩服を思い出させる。私たちは、二人ともまったく同年齢だということがわかる。それで距離が縮まる。彼は自分が安心できたので、ジャンダルマを懸命になだめたのだと思う。電話は間遠になり、ついにはまったく止んだから。

彼は中に入って茶を飲んでくれと言う。友人が何人か加わり、村の若きイマームもやってきて、私たちはなかなか気持よく話を交わす。しばらくして、私が寝る用意をしていると、主は椅子を持ってきて、私の真ん前に坐る。そして、じっと黙りこんで、魅せられたように私が歯を磨くのに見入る。彼の歯――二本に一本は抜けている――はひどい状態だが、私は彼が笑い、ピアノの鍵盤をあらわにしてくれるのを見るのがたまらなく嬉しい。なんとも素敵なのは、口を閉じると、上の歯が下の歯の抜けたところにぴったりおさまり、その逆もそうなることだ。それゆえ、口を閉じると、アリフは全部の歯がそろっているように見えるのである。私の笑いで気持が伝わったのだろう、眠りにつくころには、私たちはこの世で無二の親友になっている。

彼は私の寝場所として自分の寝室を提供してくれ、自分と奥さんはほかの家族全員と別の部屋ですし詰めになる。朝の五時から物音が聞える。アリフと奥さんが私の出発を遅らせないように朝食の用意をしているのだ。朝早く出発したいと言ってあったからだ……が、私の「朝早く」はそれから二時間後だとはっきりさせておかなかったのである。朝の祈りを終えて出てきたイマームとともに、彼はしばらく見送りについてきてくれた。名残は尽きないが、私はこのすばらしく気のいい人に別れを告げた。

町営ホテルの泊りぞめ

またコースを変更した。ジャンダルマとの昨日の一件は首尾よく落着したが、また同じことが起きることは察しがつく。小さな道を歩きまわるには、まだ乱気流帯に近すぎる。したがって、国道にもどらねばならない。五時三十分、ふたたび急流を渡って、長い登りにかかる。標高千八百メートルの峠の上から眺めるエレンジェは、もう谷間にまどろむちっぽけな集落にすぎない。反対側の斜面に下りると、北を向いた山肌がいまも雪におおわれている。

最初に通りかかった村では、親切なじいさんが私の辿るべき道を地面に棒で描いてくれる。しかし、疑い深く粗野で陰険な男が現れ、私を本式の警察尋問にかける。私の噂がまたジャンダルマの耳に入るのは間違いない。ふたたび畑にいる人や道で出会う人が挨拶をしてこなくなる。歩くこと二時間、スシェヒリの人造湖を眼下にする地点に戻った。この巨大な貯水池と畑の幾何学模様はいかにも壮大な景観なので、じっくり味わうために腰を下ろす。熟した小麦の黄色と耕地の黒い枡目とで縁取られた湖面に、北の山々が姿を映している。蛇行する道路を捨て、牛の群が食事中の丈の低い草地をまっすぐに駆け下りる。水筒に水を満たした泉のそばで、年若い羊飼いが金をせびりにくる。なにを買いたいのか？

「煙草をいっぱい」と彼は言う。

舗装道路に出ると、そこは前日にその道を離れた地点から五キロあるかないかのところである。むだな回り道をしたのではない――そもそも回り道とは、別のものにまっすぐ行きつくための方法でもあるのではないか？――、そのおかげでアリフに出会うことができ、いまもまだ記憶に焼きついている風景を見出すことができたのだから。暑さをものともせず、調子よく歩く。涼しく薄暗いロカンタ〔食堂〕の上等のチョルバ〔スープ〕の後、草のあいだで一時間の昼寝をする。予定ではチャタクルという小さな村で歩を止め、そこで一夜の宿を乞うつもりだ。十八時三十分、エレンジェを発ってから十三時間たったことに気づき、もう水もない。村らしきものは見えてこない。トラックの運転手に、座席の下の汚れたプラスチック容器に入った怪しげな生ぬるい水をすすめられる。けっしてしてはならないと知っていることをしてしまう。その水をごくごくとたっぷり一リットルは飲んでしまったのだ。なんとついていないことか、五百メートル先に行くと、小さなモスクがあり、新鮮な水の出る水場があるではないか。

チャタクルでは、なにがしさんが国道から五キロ離れたところにあるギョロワという小さな町に、町自慢のホテルが一軒あると請け合う。ところが、そばに寄ってきた二人目のなにがしさんは、反対のことを言う。ホテルなどないことはよーく知っとる、と。ひどく疲れているが、ほんとうにくつろげる夜が過ごせ、ひょっとしたらシャワーが浴びられるかもしれないという展望――仮定的ではあるけれど――が開け、気力がよみがえってくる。無事目的地に辿り着いたときには、この日一日で五十五キロを踏破しており、もうふらふらだ。

喫茶店のテラスで茶を飲んでいた町長のオスマン・クルトは、ひと月ほど前、バスでイスタンブルに行く途中、イスメットパシャのあたりで道路を歩いている私を見たと言う。バスから見たとき、すでに啞然とさせられたその変り者本人が、いま自分のかたわらにいるという事実に彼は混乱する。はじめは信じられないようすだったのが、やがて興奮に変る。こんなことはめったにあるものでなく、彼はここまでの話でもう嬉しくなっているのに、いまや自分がその物語のただなかにいることを自覚しているのだ。

あの情報提供者たちは二人とも正しかった。ホテルはないが、ホテルはあることになるからだ。まだ完全には準備が整っていないが、町長はそこに泊ってくれと言う。町が建設したもので、開業は週末になってからである。だから、私がその泊りぞめをするわけだが、オスマン・クルトはどうしても招待客になってくれと言ってきかず、レストラン――オーナーは彼――での夕食代も、私のために急いでベッドを備え付けた部屋の料金も払わせてくれない。シャワーはまだ使える状態ではないが、ここの主はほんとうに気を遣ってくれたのだから、いちいち文句をつけることなどできない……。

翌朝、牧草地を横切って国道に戻る。丘の高みからギョロワの人造湖とその隣にある小さな自然の湖を眺める。美しい田園風景である。二時間歩き、虫の群が襲いかかる花盛りのアカシアの木の下で歩を休める。そしてそこで、私もまた花の色と香りを集め、生きることの甘美さに身をゆだねる。その後はまた幹線道路。簡単な昼食の後、昼寝をしようと切り通しの小道に身を落ち着ける。女がひとり、それを見ていた。数分後、どこからともなく現れた二人の大男が、がなり声をあげながら何事かと調べにくる。すぐさま疑いは解けるが、よくよく注意しなくてはいけないと何度も何度も言われる。このへんにはテロリストがたくさんいるのだ、と。

たしかにそのとおりだ。追い越して行く車、すれちがう車は、突撃銃で武装し、にぎやかに私に挨拶してゆく兵隊を詰め込んだ装甲車か、迷彩服のジャンダルマを乗せたトラックばかりである。アルトキョイを過ぎると、すばらしい隘路に入る。何度も見てきたように、ここでも流れの急な川と、それを引き継いだブルドーザーが、岩山のなかに溝を通したのである。両側にそびえる岩壁は圧倒的な迫力である。キャラバンを護衛していた兵は、盗賊が潜むこういう危険箇所の奥深くでは恐怖に震えたにちがいない。この谷底を中ほどまで行くと、また装甲車が一台、道路からひっこんだところに隠れているのを見つける。機関銃は上の方に向けられ、兵士がそちらを双眼鏡で監視している。彼らは私を呼び止め、コーラをくれ、私の旅について質問し、年齢を聞く。「マーシャッラー！」

一キロたりとごまかさない

レファヒイェのホテルは、おぞましさにかけては超一流である。シャワーはなく、洗面台は遠い昔からの汚れに埋まり、もとの色がわからない。蛇口を開けると、氷のように冷たい水で足がびしょ濡れになる。排水管が外れているのだ。トイレでは小便のなかを歩かねばならない。電気はつかない。垢じみたベッドに寝袋を広げ、手探りで横になる。下の階では、二十四時間営業のレストランがスピーカーのボリュームをいっぱいに上げて歌謡曲を流す。裏にある自動車の整備工場や車体修理工場は、夜も遅くまで仕事をする。日没とともに床についた私は、さまざまな騒音にもかかわらず、ぐっすり眠った。

五時に目が覚め、厨房はトイレよりは清潔だと無理にも信じてチョルバを飲む。インシャッラー！　このあたりのステップの風景は、見渡すかぎり一木もない。天気は涼しい。疲れはまったく感じない。前日の短い歩きのおかげで、一昨日の歩きの疲労を回復できたからだ。とくに変ったこともない散歩をして二時間後、道路沿いの小さな食堂に寄る。ここでもまた私はちょっとした興奮を巻き起こし、大勢のトラック運転手の質問を浴びる。イスタンブルから来たことを明かすと、彼らはつぎつぎにやってきては、仰々しく私の手を握り、尊敬のこもったお辞儀をしてゆく。主人はスープ代を受け取ろうとせず、ひとりの運転手はもう一杯おごると言ってきかない。

こうしてエネルギーをたっぷり――腹はぽっこり！――たくわえたところで、標高千六百メートル地点から二千二百メートル地点に通ずる隘路とサカルトゥタン峠の登りに挑む。頂上の手前四キロのところで、兵士を詰め込んだ二台のジープが停まる。下士官がまるで愛想のない口調でパスポートを要求する。登りはものすごくきつかったのに水筒が空なので、水を持っていないか聞いてみる。相手は水をくれず、「この先にある」と横柄に言う。頂上に着いて、水場と食堂をみつけるまでには、それから一時間近く歩かねばならなかった。腹ぺこなので、網焼き肉を注文できるのが嬉しいが、ここでも勘定を払えない。おしゃべりを交わした隣のテーブルの人たちが、私の食事代を払ってしまった。昼食のあいだ、装甲を施し、銃座に機関銃を据えつけたトヨタのジープの乗員が茶を飲みにきたり、ぎっしり兵士の乗ったミニバスが道路をパトロールしたりしている。要するに、空気は張りつめ、疑惑が渦巻き、危険は遠くない。

峠の向う側の壮大な風景は、素朴派の画家の絵のような色調を帯びている。乾燥しきって草も生えぬ土や白亜質の岩山の灰色や茶色や赤、そしてところどころ、泉が湧くところでは、牧草の生えたちっぽけな草地の濃い緑。遠く、カシュ山の頂きには万年雪が輝いている。そして下の方では、この高度ではめずらしく、ポプラの木立が十字路に影を投げかけている。十五時、四十五キロ歩いたが、村らしきものはまだ見えず、地図にも載っていない。歩を速める。軍の検問は続き、パトロール中のジープがひっきりなしに現れる。十七時以降は絶対に歩かないようにと忠告を受けている。私も喜んで止まりたいのだが、どこで？　十七時三十分、つぎの町のエルジンジャンまで、まだ十八キロある。ここまでで六十二キロ歩き、二千二百メートルの峠を越えた。

イスタンブル以来の最高記録である。脚が重い。道路の両側の絶壁がのしかかってくるように思える。もうへたりこみそうになったとき、トラックが停まり、乗せてくれる。運転手のイルファンは、五キロ先の道路脇にあるレストランつきホテルの前で停まる。こんなに近くにあると知っていたら、けっしてエンジンの助けを求めないという誓いを破らなくてすんだのに……。レストランは、夜になってパトロールを始めるのを待つ兵隊たちであふれ返っている。私はイルファンと茶を飲む。彼は、月に八千万リラ稼ぐが、煙草代だけで千八百万リラかかると打ち明ける。それでどうやって四人の子を養い、家賃を払えるのか？　彼は「なんとかやってる」。どう考えていいのかわからない答が返ってくる。

ここのホテルはレファヒイェのとほとんど同じくらい汚いが、地下に熱い湯の出る――ただし別料金の――シャワーがあるだけましだ。翌朝、逆方向に行くトラックに乗せてもらい、イルファンに出会った地点からまた歩き始めた。私のシルクロードを一キロたりと歩きそこねたくないのだ。この几帳面さが、精神病者的なこだわりや、偏執老人の帳簿づけ癖と受け取られかねないことは承知している。だが、こうするしかない、たとえわが足が、前日の大行程のあとでは恐ろしく遠いように思われるエルジンジャンまでの十八キロに不平を鳴らすにしても、私の心からはわだかまりが消えるのだ。

地震の町の女たち

この町にはよくわからないところがある。一九三九年、強烈な地震のために人口の三分の一にあたる三万五千人が死んだ。一九九二年にはまた激しい地震があって、六百人の死者が出た。それにもかかわらず、また土地が不足しているわけでもないのに、五階建てのアパートが再建されたのである。人々は落ち着き払ってつぎの地震を待っているように見える。しかし、責任は開発業者だけにあるのではない。トルコ人は一戸建ての家に住むのは平凡で、アパートこそ最先端を行っていると考えているのだ。もちろん、古い石造建築が崩れずに残っているところはひとつもない。かつてこの町は重要な宿駅だったのに、観光案内所の所長はシルクロードについての情報を持ち合せていない。けれども、もしパリに招待していただけるなら、大変嬉しいのですが、と所長はのたまう。

焼けつくような日差しだ。私は公園の日陰のベンチで女たちが通るのをのんびり眺める。彼女らは、これほどの気温にどうやって耐えているのだろう？　夫の宗派によって、身につけるものの量が変る。夫の宗教的厳格さの物指しになるのは、まず妻の体を包む布の長さであり、つぎにその布のまとい方である。もっとも寛容な夫たちは、スカーフと丈の長い服を着けさせるだけで満足する。丈の長い服だけならまだしも、この暑さにコートを着ている女もいる！　それも宗教的情熱の第一段階にすぎない。伝統主義はさらに多くを要求する。「チャルシャフ」とよばれる黒い、ゆったりとした布をまとい、外からは目と手しか見えないようにしている女もいるのである。私はそういう女を一人見つけた。黒眼鏡をかけ、流れるように歩くその姿は、茶色い布の下で世界の神秘をそっくり運んでいる。さらに過激な宗派は、女たちが出歩くときには、目の粗い栗色の毛布のようなもので全身をすっぽりおおうことを命じるが、そんな布を通しては道で出会うものがみんな影のようにしか見えないにちがいない。そういう女たちの手は、さらに毛糸の手袋で隠されている。西洋の眼が、すべてを見せることを望む、私たちが当り前と思っている習慣から離れて、ほのめかすものが想像力に働きかけて生み出す豊かさを再発見することを学ぶべきだ。想像力はふたたび貴族の地位を取り戻すべきであり、夢が私たちを導くべきである。暗示に富んだ黒っぽいシルエットを見て、私の心にはこんな思いが浮ぶのだ。

　町いちばんの広場で、警官が大勢集まっているのに引き寄せられる。プラカードが見えてくるが、もちろん、なにが書いてあるのかさっぱりわからない。警官たちがどうしてデモをするのか聞いてみる。その質問に返ってきたのは、意味がわからんという目、驚きの目、吹き出す人たちさえいる。案に相違して、警官がそこにいるのはデモをするためでなく、賃上げ要求をしている労働者の集会を取り囲むためで、労働者の方はプラカードしか見えなかったのである。

　重い疲労を感じる。それで午後のほとんど、町でいちばんよいホテルで休息する。夜も長い睡眠をとり、翌朝は十時になってやっと出発する。

　軍の警備がさらに強化されたようだ。三時間で、屋根や銃座に機関銃を据え付けてパトロールする装甲車を十五台ほど数える。私が何者かを調べるために停まる車はない。この幹線道路では、私は観光客で通るのだろう、私を見ても奇異に思う人はいない。穀物とあんずの木が植えられたエルジンジャン平野は豊かなところだが、つくづく残念なことに、あんずの実はまだ熟れていない。

政治信条と料理の配分

午には農地の灌漑の仕事をしている五人の男から昼食に「招待」される。彼らはシーア派に属していると言う。ムハンマドの従弟であり女婿でもあるアリーを奉ずる宗派である。ナショナリストや保守派が多数を占めるこの国にあって、彼らは左派をもって任じ、フランスの社会主義者を大いに尊敬しているとも言う。グループのいちばん若い男がブルグル〔挽き割り小麦〕の料理を私に取り分けかけるが、疑念が彼をとらえたかのようにピタッと動きを止める。

「あんたは民主主義者、それともファシスト？」と、いきなり質問を投げてくる。

これらの用語は、彼らと私とでは与える意味が違う。彼らはトルコの体制を「ファシスト」と呼びながら、長々と批判する。トルコの体制がこの言葉にそぐわないことは明らかだが、やがてそれが意味するのは、その言葉を口にする者とは異なる政治的立場に立っていることにほかならないのだとわかった。私は民主主義者であり、そう宣言したので、挽き割り小麦が私の鉢のなかに落ちてくる。

ユーフラテス河を越えて

暗くなりかけたころ、ティグリス河とナイル河とともに最古の文明の誕生を目にしたユーフラテス河（フラト・ネフリ）を越える。物思いにふけりながら、石の上を水が流れるのを長いあいだ見つめる。だが、先に進まねばならない、もうじき夜になる。地図に載っているタンイェリという小さな村で泊る予定にしている。その村はすぐそこだと思いながら、ジュースを買いにガソリンスタンドに寄る。主人は私が行こうとしている村はもうないと言う。しかも、十五キロほど先まで、集落はまったくない。

それで、ガソリンスタンドのそばにある駐車場で野営の準備をする。持ち物を取り出し寝場所を整えるあいだ、四台の装甲ジープ、二台はジャンダルマので、あと二台は軍のがスタンドに立ち寄る。そのどれもが、私の旅のコースについて長々と質問してくる。彼らが感銘を受けたことは見てとれる。茶を飲みながら、これから徹夜でパトロールするのだと言う。だれひとり、片時たりと武器を手から放す者はない。このあたりにはテロリストがいると言う。トカットからこちらの警察と軍の密度から判断すれば、彼らの暮しは楽ではないにちがいない、テロリストたちは。

彼らがふたたび出発しようとしているとき、ひとりが私のところに来て、満足そうに耳元でささやく。

「あんたがそんなすごいことをやれる理由がわかったよ、薬をやってるんだ」

「どうしてそう思うわけ?」

「あんたが水筒にアンフェタミンの錠剤を入れるところを仲間が見たんだよ」

飲み水の殺菌に使う問題の錠剤を見せても、相手は納得してくれない。彼と仲間たちの頭のなかでは、物事の秩序はもとに戻っている。私のやり遂げたことは「異常」であった。しかし、私が興奮剤を使っているということになれば、すべては「正常」に復するのである。

怪物戦車

ベンチの上はものすごく寝づらい。寒さ、蚊の大群、つぎからつぎに軽油を入れにくるトラック、そしてなによりかにより、どこにいるとも知れない客を呼び、夜勤の店員の目を覚ましておくためにスタンドで響き渡るボリュームいっぱいの音楽が、目を閉じる邪魔になる。やっとうとうとしかけると、雷雨が轟く。私は給油係と一緒に店のなかに避難する。

二十五歳で、背が高く、ひょろりと痩せたメティンは、一年三百六十五日、一日十八時間働く。結婚資金を貯めているのだ。式の日取りは二〇〇〇年一月一日に決めているが、ムスリムの彼にとっては、その日はとくに意味があるわけではない。彼は財布を取り出す。ずんぐりして気難しそうな婚約者の写真、兄弟、両親、他の二十五人の丸刈りに紛れ込んで、もちろん私には見分けがつかない兵隊姿の丸刈りの彼の写真、クレジットカード、市民としての身分証明書と軍人としての身分証明書、その他もろもろの書類。メティンの全人生がこの財布の中で写真にまとめられている。

突然、道路で大きな音がし、私たちの目を引きつける。頭に怪物のようなものが思い浮ぶ。それは言ってみればたしかに怪物である。キャタピラをつけた戦車が闇のなかから現れ、スタンドの照明にいっとき光ったかと思うと、鋼鉄の轟音を立てながら東の方に消えてゆく。

女たち　X

検問、また検問

砂嚢のあいだからヘルメットが現れ、小銃の銃身が、磨き上げられた鋼鉄の黒い目でこちらを見つめる。私に照準を合せた兵士が、わざわざ訳《やく》を考えてみるまでもない言葉を怒鳴る。「動くな」そう言ったにきまっている。それから声を静めて人を呼ぶ。士官が来て、命令口調のがなり声でパスポートを要求する。言われたとおりにしようとすると、いきなり大きな笑い声が降ってきた。それは長距離トラックの運転手で、運転台から降りずに士官に向って大声を張り上げる。「イスタンブルから歩いてきた旅行者ですよ！」

士官はびっくりして、それから興味を持ったように私を見つめる。

「どこに行く？」

「食料品店です」

「トルコの金を持ってるのか？」

「もちろん」

「ならオーケーだ」

士官が開きもしなかったパスポートをポケットにしまう。この場の出来事は、どう見てもばかばかしいかぎりだ。しかし、結局のところ、これは私が自分で呼び寄せたことである。ガソリンスタンドのメティンは、今朝早く私が発とうとすると、行くのをやめさせようとした。「七時前に歩くのはとても危ない、軍が道路の安全を確保するまで待つべきだよ」。しかし、私はよく眠れず、腹がぐーぐー鳴っていた。それで私は出発し、今日はサンサという村までの二十六キロという短い行程にすることにした。幅の広い谷がしだいに窮屈な隘路に変った。川にかかる橋の近くで、喫茶店のそばにある食料品店を見つけ、どうしてもそこに寄り道したくなった。ところが、くぼみに隠れた小さな堡塁には気がつかず、そこからだしぬけに兵士が現れたというわけである。

喫茶店に入ると、好奇心にいくぶん警戒心の入り混じった目でみんながじろじろ見る。何度か試みるが、だれも話の相手になろうとしない。なんともいえない重苦しい気まずさが漂う。私はゆっくり時間をかけて食事をとり、身をくつろげる。今日は急ぐことはないのだ。

十キロほど先の隘路が始まるところで、また軍の警戒線に出くわした。左側には、道をはさむ崖の高みに砲身を向けた戦車。右側には、反対側の崖を機関銃の射程に入れた装甲車。機関銃兵たちが配置についている。兵隊が私を呼び止め、こちらに来て待っていろと命ずる。もうひとりの兵隊が半分崩れた小さな建物に入り、丸ぽちゃ顔の若い士官を連れて出てくる。大兵肥満の男で、迷彩服をはち切れそうに着込んだその姿は、タコ糸で縛り、あとは焼くだけとなった肉のかたまりを思わせる。建物と道路をへだてる小さな坂をようようよじ登ると、身分証明書を要求する。

「ここは通れない」と彼は言う。

「どうしてです？　こんなにたくさんの軍人が見張っているのに、まだ危険があるのですか？　テロリストがいるんですか？」

「いや」

「テロリストがいないのだったら、安心して歩けるわけだ」

「だめだ」

答が素っ気なさすぎるので抗議する。どういう旅をしているのか、私にとってそれがどれほど重要なものなのかを説明する。上官を呼びにいった兵士が助け舟を出してくれる。

「パシャが……」

彼にはその先を続ける暇がなかった。士官がひとこと命令を発して、黙らせてしまったのだ。私はどういうことなのか理解しようとする。パシャはトルコ語で「長」という意味だ。つまり隊長の命令ということか？　しかし、士官自身が認めるように、ここは危険地帯ではないのに、なぜ？　私は無理やりにも先に進むことにする。ザックをつかみ、歩き出したが、上官の命令で二人の兵卒がすぐに道をふさぐ。一人が私の荷物を奪い取り、文字通り力ずくで、自分は動かずにいた士官のところに連れ戻される。彼は野戦電話で命令を仰ぐ。十分後、答が来る。少なくとも徒歩でこの隘路を通ることはまかりならぬ。

トラックが一台停められた。士官が運転手に話をする。こちらを再三指差すので、私のことが話題なのだろう。兵卒が私のザックを運転席に上げ、士官が私に地図を出すように言う。そして、いまいる場所から二十キロ離れたカルグンという村を指で示す。彼の話はだいたいつぎのような意味だと理解できる。「運転手にはあんたをこの村で降ろすように言ってある。そこより前で降りようなんて考えないことだ。さもないと、厄介なことになるぞ」

そして、赤ん坊のようにぽっちゃりした両の手首をくっつけ合せ、私に見せつける。その意味は自分で考えろというわけだ。私はそのとおりにした。それで、身を切られるような思いで運転台によじのぼった。ジャンダルマのせいで、意に反して車に乗せられつづけるのはもううんざりだ。こんなことが続いたら、トルコの三分の一をバスかトラックで横断することになってしまう。それは大袈裟な言い方だとわかってはいるが、このとき私はなにもかも悲観的に考えたい気分だった。

運転手は毎週アンカラからイランのタブリーズまで行くとのことだ。タブリーズまで乗せて行ってやろう、あさってには着くと言う。いや結構、私も行くけれど、歩いてだ。強情の張りすぎかもしれないが、さんざん横槍を入れられ、計画を断念するよう仕向けられているだけに、なおさらその実現に執着しているのである。

警戒線の五キロ先で「パシャ」の意味がわかる。これほど厳重に護られているもの、それは対テロリスト軍のパシャである司令官のいる司令部が置かれた基地だ。設営場所は道路と川のあいだのごく狭い土地である。それは実際のところ、鉄条網で囲まれたなかに、テントと組立て式の宿舎が配置された野営地である。二十台ほどの装甲車が整然と並び、その銃口が挑みかかるようにこちらを睨んでいる。パシャは枕を高くして眠りたいのだ。私のような罪のない歩行者でさえ、近寄るのが許されない。それにしても、警戒態勢の粗忽さには驚かされる。軍人たちが私がこの道に入るのを阻止していた間に、五、六台のトラックが検問を受けることなく走り去った。私は専門家ではないが、私の考えでは、パシャはリュックの中身を容易に検査できる罪のない歩行者よりも、満載した爆薬で司令部を粉々に吹き飛ばしてしまえる自爆車両に用心すべきだろう。

パシャが選んだ場所は、今日泊ろうと思っていたサンサである。しかたがないので、いま走っている道、私の靴が踏みしめる光栄にあずかれなかったすばらしい道を貪るように見つめる。運転手に司令部を過ぎたら降ろしてくれるよう持ちかけてみるが、彼は「だめだ」と言うかわりに人差指をワイパーのように振り、あくまでデブ士官の命令にしたがう意志を表明する。

トルコのジャンヌ・ダルク

ふたたび地面に足を下ろしたときには、図らずも今朝考えていたよりはるかに長い道のりを進んでいた。二日かけて到着する予定だったつぎの町まで、もう歩いて数時間の距離しかない。そこまでは泊めてもらえそうな村はない。それで、テルジャンまで道を続けることに決めたが、そうすると、トラックに乗った分は入れずに、今日の歩行距離は四十一キロになる。のんびりした行程にするはずが、またもや失敗した。

ザックを背負おうとすると、向うから男二人と女一人を乗せた馬車が速歩《はやあし》で駆けてくる。後ろに連なる山並が壮麗な背景をなしている。もちろん私はそれを永久に固定したいという望みに駆られ、小さな馬車を前景に置いて写真を撮った。すると、ベールで顔をおおう余裕のなかった女が怒り狂って、馬車が私のところまで来ると、唾を吐いた。彼女の肖像は彼女のものであり、私はそれを盗んだ。そのことはまた考えてみよう。だが、写してくれとせがむ人と写真を盗み——あるいは凌辱——と取る人とを、どうやって見分ければいいのか？　私がまだ学ばなければいけないことはいろいろあるが、これはとくに肝腎な問題だ。

まだテルジャンの町に入る前に、十二世紀に建造された古い橋の橋脚が破壊されずに残っており、さらなる期待を抱かせる。ここでは、当局が過去の遺産をまもろうと心を配っているのだろうか？　テルジャン、それは「ママ・ハートゥン」の町である。強烈な個性の持主だ。女に生れることが災難である男性中心主義のこの国にあって、ママ・ハートゥンは一一九一年に父のイゼッティン・サルトゥク二世から公国を継承した。このトルコのジャンヌ・ダルクは、軍隊の先頭に立って、エイユービー国の侵略と戦った。十年ほどのあいだ、気の短い甥たちが彼女から奪おうとする権力を守るために武器を手に戦わねばならなかった。当時シリアとエジプトを支配していたスルタンのエル・アディルが、彼女の地位にふさわしい夫を探した。徒労だった。この勇猛な王女の尻に敷かれたいと思う男はどこにもいなかったのだろう。そうこうするあいだに、彼女は今日、中世トルコ建築のなかでもっとも美しい成果とされる建物をいくつか建造させた。モスク、キャラバンサライ、ハマムがひとつずつ、さらにいちばん壮大でいちばん独創的なものが加わる。彼女の廟である。

ママ・ハートゥンは、ある日、謎中の謎に包まれて姿を消す。甥たちの手で暗殺されたのか、あるいは死ぬまで幽閉されたのか？　そもそもわざわざ自分のために美々しく建てた建物に埋葬されたのか？　それはだれにもわからない。偉大な旅行家エヴリヤ・チェレビが、十七世紀の中頃この地を通ったときに、とっくりと眺めることのできた大理石の棺台も消えてしまった。廟はふだんは公開されていないが、私は幸運にも見学できた。小さな建物で、円形の壁にエイワンとよばれるくぼみが十二カ所しつらえてあり、それぞれがママ・ハートゥンの近親者の墓になっている。中央には上部がメスジット（小さなモスク）になった小さな塔があり、その地下に、かつてあった石棺を模したといわれる石棺が置かれている。この塔を骨が八本の傘の形をした屋根がおおっていて、その八面がひとつおきに東西南北を指している。全体として、じつに美しいハーモニーをかもしだしている。キャラバンサライは、鍵を持っている人をやっとのことで探し当てて、見学がかなった。修復工事が終ろうとしているところだ。小さいが、それでも円天井の広い厩がふたつある。ママ・ハートゥンの造ったハマムは、それほどの幸運に恵まれず、トルコのコンクリートがここにも襲いかかっている。

歴史の女たち

テルジャンからアシュカレまでは、変ったこともなく、昼食も抜きの旅。突然、激しい雷雨が来たが、幸運が私にほほえんだ。濡れ鼠になりかけたとき、廃用になった隧道が避難所になってくれ、そのなかで荷物や衣服を乾かしたり、ドライフルーツとパンで腹ごしらえしたりしながら太陽が戻ってくるのを待つ。こんな私はホームレスそのものに見えるだろう。食事は毎日肉体を酷使しているにもかかわらず、こうした軽いものだけで満足できる。大量のエネルギーを使い、荷物にしてもフェザー級というわけではないけれど、ごくふつうの食事で十分だ。キャラバンの隊員たちは、おもに水を入れた革袋と少量の乾肉を携行した。それ以外のものは、キャラバンサライで調達できた。

ママ・ハートゥンの遺した歴史的建築を見学したためだろうか？　自分の頭のなかでトルコの女たちが大きな場所を占めていることに気がついた。ママ・ハートゥンによってなんとも派手に幕が切って落されたフェミニスト「革命」は、芽のうちに摘まれてしまった。しかし、だとしても彼女のやり遂げたことの意味はいささかもゆるがない。男性中心の中世にあって、軍隊はどうして女に指揮をとられることを許せたのだろう？　この国の宗教と文化では、すべてが娘たちや妻たちを打ちひしいでいる。経済的発展がいまだ不十分なため、女たちの助力がなくとも済ませられ、女は金銭的に男に完全に依存して、家庭や政治の権力から遠ざけられたままである。教育も文化も、女には扉が閉ざされている。もちろん、法律上は男女同権が認められている。首相になった女性さえいるくらいだ。しかし、トルコの村々、家々では、女たちがいまでも下級市民扱いで、いいようにこき使われ、人目から隠され、身なりにしても、年端も行かぬ子供のころから押しつけられる、肉体を否定するようなしきたりに従っているのをこの目でさんざん見てきた。たしかに大都市では、独立不羈の目に見える象徴として、明らかに服装のタブーを破り、ヨーロッパ風の装いをした若い女たちを目にした。この改革の風がアナトリアの村々に吹き込むまでには、どれだけの時間がかかるだろう？

ママ・ハートゥンのほかにも、この地の歴史に名を刻んだ女の支配者たちがいる。だが、それはキリスト教のビザンティン帝国時代のことである。イレネ、ヘレネ、テオドラの三人はそれぞれの時代に強い影響を及ぼした。

ヘレネは宿屋の女中だったが、クロルス帝〔コンスタンティウス一世（二五〇ころ—三〇六）〕を誘惑するだけの狡知をそなえていた。彼らの息子のコンスタンティヌス〔一世、大帝（二八〇ころ—三三七）〕は、ローマでうとうとしているよりは、ビュザンティオンと呼ばれていた場所に都市を築くことを選び、そこに自分の名を与えた。コンスタンティノポリス〔コンスタンティノープル〕である。

イレネは八世紀、息子の摂政として二十年近くにわたってビザンティン帝国を支配した。息子が成人し、自分のものとなるはずの権力を要求すると、このすばらしい母親は息子の眼をつぶさせ、そのおぞましい行ないによってさらに五年間国政のトップの座に居坐った。

テオドラはコンスタンティノープルのもっとも偉大な皇帝、ユスティニアヌス〔一世（四八三—五六五）〕と結婚するまでは、大変なはすっぱだったといわれる。非の打ちどころのない妻となってからは、夫に帝王学を授けることまでした。首都を血に染めたことのほか激しい反乱から夫が逃げ出そうとすると、テオドラは大略つぎのように言う。「緋色の布（権力の印）をまとった者は、死装束にもそれをまとうつもりでなくてはなりませぬ」。彼らは留まって反乱を鎮圧し、天寿を全うすることになる。

たしかに、この三人の女はキリスト教徒であった。ママ・ハートゥンの勲《いさおし》は、彼女がイスラムの国に生れたがゆえに、いっそう輝かしい。

現在の女たち

私は田舎の村でのトルコの女たちの境遇に毎日憤慨させられる。彼女らは生れ落ちたときから、慎ましさと勤勉さを身に着けるように育てられる。子供たちを写真に撮ろうとすると、男の子は喜んでカメラの前に立つのに、女の子はその後ろに隠れてしまうことに気づいた。六月十六日の朝に会った農民のファズルの娘たちは、男の兄弟のようには高校に行かせてもらえなかった。彼女らも写真に撮られないように隠れてしまった。しかも、村の生活の中心といえるモスクでさえ、女たちは決められた場所しか入れない。男たちの後ろである。効果的な教育である。きわめて速やかに、女たち自身が子供時代に押しつけられた規律を自ら進んで厳格に守ろうとするようになる。

幸いなことに例外もあった。あのハジュハムザの年老いた賢者、ベヒチェトの孫娘たちは、決まりに従わずにすんでいるようだった。それでも、夕食はベヒチェトと二人きりだったし、彼の奥さんを見たのは、出発のときにバルコニーから「さよなら」と声をかけてくれたときだけだった。イスタンブルや他のトルコの大都市では、高校に行き、さらに大学にも行った若い女の大多数は、男とおなじ職業に就き、同等の地位を享受している。だが、彼女らは森を隠す木だ。トルコ人は、早くも一九三四年には女性に参政権を与えたことをとても誇りにしている。たしかに、その年の選挙で選ばれた国会議員の約五パーセントは女性である。しかし、改革の推進者であったアタテュルクは、その四年後に死んでしまう。以来、女性の地位は後退しつづけている。いまでは、五百五十人の議員のうち女性は十三人である。

トルコ人に向かって、あなたがたの国では女性は市民として、あるいは人間としてさえも二流扱いだ、などと言おうものなら、彼らはかっかと熱くなる。だが、事実、村ではそのとおりなのである。亭主が喫茶店で天下国家を論じたり、モスクで自分の救済を一心に祈っているあいだ、女こそが畑に膝をついてビートの雑草を抜き、ひっそりとパンを焼き、食事をこしらえ、子供の尻を拭いてやる。政治的発言力を強められるよう女たちを導くことを目的とする、カーデルという組織がトルコで創設された。彼女らはもっとも至極な確認をした。政治への関心と参加の度合いは教育によって決まるというのである。国会に入るには大学を通って、というわけだ。だが、だれが女を大学にやるだろう？　いまのところ、トルコの女たちは男たちによって無知のなかに押し止められ、操られ、監視され、支配され、自立を確保するすべを知らないようだ。この問題に触れようとするたびに、私は沈黙の壁にぶちあたった。そして、クルド人地域については、私自身の安全のために、こう警告を受けてきた。女には声をかけるな、と。

アシュカレに向かって歩を進めながら、しかし私は、いくらか言葉を交わすことのできた女たちを胸を締めつけられるような思いで思い出す。ウルガズの近くで羊毛を梳いていた陽気な女たち、私のためにボレッキを作ってくれたカフカス人のシュクラン。それから、いつも心によみがえってくるのは、トスヤであれほど無邪気に私の首に飛びついてきたキュルシャトの妹である。

精根尽き果てた

かつてシルクロードの宿駅であったアシュカレの町は、そんな過去があったことさえも忘れている。喫茶店の上階にあるホテルは、いままで泊ったホテルのなかで、不潔さにかけてはまちがいなく三本の指に入る。部屋の灯りをつけるために、十分間も手探りで電気のスイッチを探す。やっと見つかったのは……廊下の反対側の端っこだった。しかし、私の疲労の程度はあまりに大きく、ごみの山——結局、ここのありさまはほとんどそういっていいくらいだ——の上でも寝られそうだ。休息らしい休息もとらず、九日間で三百四十キロを歩いてきたところなのだから。今日も今日とて四十キロも踏破しなくてはならなかった。もし私に分別があるなら、何日か休むか、毎日の行程を短くすべきだろう。ところが、歩きに歩くことへ私を駆り立てる例の力が居坐っている。もちろん、その日その日で恰好の口実を思いつく。今朝からの私は、厩の匂いをかぎつけて帰りを急ぐ馬のようだ。順調に行けば、明後日の午前中にはエルズルムに到着する予定だからである。

その町は磁石のように私を引きつける。旅を始めてすぐに、話相手の不信感を買わないよう、テヘランまで行くと言うのはやめた。最終目的地としてエルズルムを挙げていた。ところがいま、そのすぐそばまで来ているのである。この達成感が私を支えている。だが、アシュカレとアナトリアの大都市を隔てる約六十キロを一気に片づけることなど、はなから無理な相談だ。この九日間というもの、毎日無茶な距離を歩きつづけ、その結果はといえば、もうすっかり参ってしまった。そこで、今夜はアシュカレに泊り、明日は三十八キロ歩いてウルジャに泊ろう。その後は、二十一キロ歩くだけでいい。そもそもエルズルムまで登る階段の最後の段は高いのだ。なにしろ千三百メートル地点を出発して千八百メートル地点に至るのだし、その間に二千メートル以上の峠を越えるのである。

もうじき快適なホテルで休めるという見通しだけが、いまも私の歩きを支えている。もう精根尽き果てたという感じだ。アシュカレとテルジャンのホテルの不潔さと設備の悪さが、私を決定的に打ちのめした。そして、いまのこの惨めな状態では、民家の戸をたたいて宿と食事を頼む気にはなれない。スターの座が課す義務を果さなければならない三、四時間が、とても持ちこたえられない気がするからだ。人気があるというのは、楽なことではないのである。ファンに対しては尽くす義務があり、しかもひょっとしてそれが気に入ってしまうこともあって、するとたちまち自分が今までずっと恐れてきた義務というものに縛られることになる。要するに、用心しないと完全にがんじがらめになってしまう……。さらに、愛想よくするためには、元気でなくてはならない。そのうえ、自分で認めるのはいささか抵抗があるのだが、アリハジュの村人たちがにこやかな顔をして、私のようなアイドルを迎えられて嬉しいと断言しておきながら、軍に訴えたあのやり口によって負わされた心の傷がいまも残っている。あの事件は、私のなかでトルコ人のもてなしの美徳を相対化することになった。ホテルは不潔ではあっても、勝手知った比較的安全な場所にいるという思いを与えてくれる。

冷たい雨

エルズルムに至る最後からひとつ前の行程であるアシュカレからウルジャへの道は、出だしからつまずいた。節々が痛く、左腿にしつこい違和感がある……。体が、ならし運転が終って以来はじめて抗議の声をあげている。自分でもあまり当てにできないと思いながら、これからは一週間に一日は休みを取ると自分に約束する。アシュカレを出たところで、東に向かって建設された新道を離れ、旧道につく。穴ぼこだらけで車はほとんど見かけず、たまさかトラクターが通るだけだ。この道は私の気に入るようにできていて、しかも牧歌そのものの壮麗さがある。ここは草原、広々した空間、見渡すかぎり木は一本もない。高度と日差しのおかげで気温は心地よく、すばらしい天気だ。私はしばらくのあいだ自分の惨めさを忘れる。上のほうで牛と羊の群が列をつくって歩いている。私は、トルコ人はクルバーン・バイラム〔犠牲祭〕のために、毎年二百五十万頭の羊を生贄として供えると読んだことがあった。そして、その羊はどこから連れてくるのだろうと思っていた。羊はそこにいる、ものすごい数が斜面にはりつき、草原のやわらかな緑の上につぎつぎと形を変えるまだら模様となって、恐るべきカンガルを従えたいくつもの羊飼いのチームに見張られながら。

カンディッリでは、一般市民と軍人というふたつの社会が、混じり合うことなく隣り合っている。横長の車庫に装甲車やオフロード車が整然と並んでいる。軍人の子供たちのための幼稚園までつくられている。もう一方の村人の子供たちは、広場で空き缶を使ったサッカーの試合に夢中になっている。

そのすぐ後、激しい雷雨に襲われた。家畜の群を通すための小さな鉄道橋の下で雨宿りする。小さな丘のつらなりの上を揺れ動く長い雨のベールは、じつに壮大な眺めだ。雲が低く垂れ込め、黒い空が緑の草と溶け合っている。それから一時間しないうちに、道を歩いていた私は、またにわか雨がやってくるのに気づいた。まだ遠いが、雨を避けられそうなところはどこにも見つからない。木もなければ、塀もなく、線路は遠く、向うのほうで谷に曲がってゆく。十五分のあいだ、私は途中で雹《ひょう》に変った氷のように冷たい雨のシャワーを浴びた。雨具を兼ねたゆったりしたポンチョは、なにものも止められない激しい風が吹きつのるたびにばたばたと煽られ、まったく役に立たない。何分もたたないうちに、甲羅のように私を守ってくれるはずのこの覆いの下で、びっしょり濡れそぼってしまった。冷たい雨が首筋に流れ込み、ズボンを脚に貼りつけ、靴のなかに入り込む。雹に顔と手を打たれながら、ぬかるみを歩く。嵐はやっと遠ざかった。黒っぽいベール、水の壁が、風景のなかを走りつづけている。下のほうの川のそばで、まるでトンネルを抜け出るときのように、雨のベールから列車が姿を現す。温度計の目盛が下がった。体を暖めるためにせっせと速足で歩いても、着ているものはびしょ濡れのままで、体は芯まで冷え切っている。

かつてキャラバンの隊員たちは、商品の包みを羊毛と他の家畜の毛を混ぜてぎっしり目をつめて織り、脂を塗った特殊な布でくるんだ。絹や紙、ドライフルーツなど、彼らの貴重で脆い商品は、こうして保護されながら旅したのである。さらに彼らには財産を虫食いから防ぐ薬草もあった。トルコの村々の多くでは、いまでもこうした薬草が使われているそうだ。たとえば、ありあわせの壺で、蟻などの虫を追い払うバジルを育てている。

ウルジャまであと五キロのところで、体が冷えたのと、それにたぶんよく洗ってない杏《あんず》（皮をむかないと食べられない果物以外買ってはいけない、と注意されていたのだけれど）のせいだろう、待ったなしの激しい旅行者下痢症が腹をよじる。どこまでも草原が広がるなか、こんなにせっぱつまった欲求をどこで始末したらいい？　ふくらはぎを見せただけで道徳違反とみなされるこの国で、尻を出すなんてもってのほかである。それでもなんとか、巧みな目算と、私の身体能力より必要性に迫られた全力疾走のおかげで、小さな窪地や丈の高い草のあいだで密やかな営みを人目から隠すことができた。

宿で休むために一刻も早く宿泊地に着きたい。ところが、途中出会った農民が、ウルジャにはホテルはないと言い切り、私の希望を打ち砕いた。この状態で民家に泊る？　そんなことは考えられない。気力はなえ、用を足すための緊急停止を十回もして、最後の一キロを片づけるのに一時間以上かかる。力を振り絞って括約筋を閉じているため身はこわばり、小股歩きで町に入る。

後悔のないように、民家に宿を乞うまえに調べてみる。ハレルヤ、ウルジャにはホテルがちゃんとある。もひとつおまけにハレルヤ、そこは清潔でさえある。パン屋の上階にあり、窯からパンを取り出すときには、いい匂いが漂ってくる。二人用の部屋を一人で使えるよう割増料金を払う。シャワーはないが、ハマムは目の前だ。そこに急ぎ、大きな円形の浴槽にうっとりと身を沈める。二十人は浸かっているる湯の色は、アタテュルクの時代から水を替えていそうもないことを証明している。しかし、衛生より楽しみが大事、子供ならみんなそう言うだろう。風呂で人心地がついた私は、チョルバをすばやく飲んでから部屋に戻った。

取材を受ける

朝になると、下痢は治っていた。ウルジャ―エルズルム間の行程は、出発以来もっとも短いもののひとつだ。二十一キロである。これは形ばかりの散歩になるだろう。町の出口から二車線の高速道路のような道が、まっすぐ東に伸びている。これがあの大都市に通じる唯一の道だ。一昨日から繰り返し降ったにわか雨が、空気を洗い清めた。空は澄み切って、心を浮き立たせる。平野はすっかり平らで、町まで十八キロと告げる標識のそばから、山の斜面を背にしたエルズルムの家並がはっきりと見分けられる。もう着いたも同然だ。

ところがどっこい、それは私の疲労状態、昨日の旅行者下痢症がもたらした衰弱、それにモチベーションの完全な欠如を考えに入れないでのことだった。目的が達成されようとすると、私はそれに興味をなくしてしまう。私にモチベーションを与えるものは、そのつぎの目的だ。エルズルムはおおよそイスタンブルとテヘランの中間地点に当たる。数日前から、私は何度もイラン関係の資料を見て、すでにこの大旅行の第二部にどうやって取り組むかを考えている。

エルズルムは目の前で遠ざかる。この行程はいちばん短いものなのに、出発以来いちばん困難な行程のように思える。のろのろと、やっとの思いで歩を進める。ザックが私を圧しつぶす。町は、こちらが近づいているつもりでも、私をからかって遊んでいるかのように進めば進むほど遠ざかる。三時間がんばると、足はくたくた、精根尽き果て、坐り込んで金網の柵にもたれ、うとうとした。水筒を空にし、ドライフルーツの残りをつまむ。力が戻ってきたときには、町はほのかな陽炎のために地平線の上にゆらゆら浮び、まるで蜃気楼にすぎないかのよう、なおいっそう遠く見える。実際、私には蜃気楼になりつつあるのだ。三時間後、ようやく最初の建物、アタテュルク大学の校舎が並ぶところまで辿り着く。毎朝、散水車が日焼けから守っている芝生に囲まれたコンクリートの四角い建物。男子学生とスカーフ姿もいる女子学生が、本を小脇にかかえ、あるいは知識でふくらんだ肩かけ鞄の重みに体をかしげながら、キャンパスの小道を行き交っている。

質問してくる人たちがいる。今日の私はあまりおしゃべりでない。それで彼らは私を観光案内所まで案内することに決めたが、案内所を目にするや、私はあまり気が進まなくなった。情報を集めるより休みたい。けれども、これは運命が望んだことだし、目下のところ、私はどうこうしようという気力もほとんど失せているのだから、まあいいだろう。なにか元気の出る材料を拾えるかもしれない。所長のムハンメト・ヨクシュクは堂々たる押し出しの男で、どこでも聞かされた言葉を口にする。「シルクロードについての情報は持ち合せておりません」。しかし、彼は私の旅に興味を持ち、山ほど質問してきて、私は物語る。私が話をしているあいだ、彼は何度も電話をかける。話を終えて、立ちかけると、彼が手振りで引き止める。

「あなたの話はユニークだ。いま記者会見に来るよう、何人かジャーナリストに電話したところです」

数分後には、三つの主要な全国紙の地方記者が質問を浴びせ、写真を撮り、録画までする。彼らは三人とも、明日の紙面で大々的に伝える、地元のテレビ局でも放送すると約束する。

ムハンメトは私が彼の企みに快く応じたことに大満悦で、なにくれと世話を焼いてくれ、開業したてのホテルを教えてくれる。そこは設備が整い、値段も手頃だと彼は請け合う。私は小股歩きでそこに行った。一見したところ、この町にとくに目立つところはない。石造りかコンクリートの六、七階建ての建物が、絶え間なく人波の行き交う広い通りに沿って並んでいる。ホテルは予告のとおりだ。新築で清潔、機能的で値段はほどほど。ほかのホテルと同じところもある。配管から水が漏れてタイル張りの床に滴り落ちるのだ。私のトルコ横断を通じて、水漏れのしない浴室はひとつも思い出せない。

ゆっくりとシャワーを浴びた後、いちばんよいやり方で町と近づきになろうと思い、ベッドに身を投げ、夜まで眠った。夏のあいだ、中東の都市は夜しかその姿を現さない。保存状態のよい城砦が見下ろす下町では、何百もの小店が、仕事より不寝番やひそひそ話にふさわしいようなとぼしい灯りのもと、その宝物を広げている。二千年の経験を積み上げてきた中東の商売が、会話術の上に成り立つものであることを理解するには、実際に旅行してみないといけない。ここの商人は、客が店に入ってくると、活発な言葉のやりとりに実益とおなじくらい幸福を期待する。私は世界を駆け回るようになってすぐ、中東の商人が、買い手となるかもしれない人なら誰とでも始める駆け引きに魅了された。策略、誘惑、高度な外交術、手練手管、そしてしばしば最高の軍師なみの戦略を用いた駆け引きである。西洋人は金科玉条とする公正原則、いまなら透明性の原則とでもいうであろうものをふりかざして、これを軽蔑しがちである。だが、よくよく観察すれば、こうして人間と人間とが面と向かってやり合ってこそ、たがいの心が明らかになり、見つめ合う目に誠実なのか不実なのかが表れ、人と人のあいだの取引が明るみで行なわれるのである。

ムハンメト・ヨクシュクの紹介で、アタテュルク大学のフランス語の先生と知り合った。メフメット・バーキは私のために、シルクロードに関心を持つ三人の歴史の先生との会合を用意してくれた。セラハッティン・トズルは、一八五〇年から一九〇〇年における黒海沿岸の都市トラブゾンとイラン国境間のキャラバン・ルートというテーマで学位論文を書いた。メフメット・テズジャンは紀元前三世紀から三世紀までのシルクロードに関心を寄せている。そして、ケワン・チェティン博士は、セルジューク朝時代のトルコ中央部——カイセリの近くのヤバンルー——におけるキャラバンの大市場に研究の的を絞ってきた。三時間続いたやりとりが終ると、同時通訳を引き受けてくれたメフメットはへとへとになっている。私たちはこのテーマにすっかり夢中になり、私にインタビューするために来た全国テレビ局のクルーは、邪魔をしないように忍び足で引き返していったほどだ。

テレビの記者は、あらためて明日の朝、ホテルに伺います、というメッセージを残していった。夕方になって、その言葉どおりにはならないだろうとわかる。午後のあいだに、オジャラン裁判の判決が報じられたからである。ＰＫＫの指導者は死刑を宣告された。西部のトルコ人は喜びに躍り上っているにちがいない。東部のクルド人は悲しみに暮れていることだろう。この二つの世界の境に位置するここエルズルムでは、このニュースは腫れ物扱いだ。

私は判決に驚いていない。だれもがこうなると思っていた。オジャランの裁判は、私の旅に終始つきまとってきた。私が道に足を踏み出したころに、それは始まったからだ。毎日毎日、レストランや家々で、いつ飛んでくるか知れない銃弾から防弾ガラスで守られ、判事たちに向き合うＰＫＫ指導者の顔を見ることになった。もちろん、解説の言葉はちんぷんかんぷんだった。しかし、映像はしばしばあからさまで、テレビが厳格に客観性を尊重しているといえないことは十分に想像できた。たとえば、ＰＫＫのテロで殺された男たちがつぎつぎに映し出されたのを覚えている。画面いっぱいに大写しされた彼らの顔は、死んだ日付が告げられると同時に、血で塗りつぶされるのだった。反対に、人道活動とはほとんど無縁のトルコ軍によって、焼かれたり爆撃されたりしたクルド人の村々については、なにひとつ見たことがない。そして、この裁判のあいだ連日、戦闘で殺された兵士の母親たちが、胸に子供の写真を掲げて傍聴席に坐っていたようすは、議論をより冷静にするものとはいえなかった。

私はこれからクルド人のもとに行こうとしているが、彼らはどういう反応を示すだろうか？　裁判のあいだずっと休戦を守りつづけた革命党は、テロを連発することになるのか？　私が訪れるクルド人の村は騒然とした状態になってしまうのか？　私は迷い、用心のため、もう一日エルズルムで待つことに決める。そうすれば、ぼろぼろになった体を立て直すことにもなるだろう。

「ギュゼルユルト」という町いちばんのレストランで、イスタンブルの友人の友人、ヒュセインと一緒に夕食をとった。彼はここで薬剤師をしている。五十歳くらいの、あけっぴろげの熱血漢である。享楽と遊興に目のないヒュセインは、禁酒の戒を守らないが、それでも信心深さを示す。半分英語、半分トルコ語の会話は、当然、オジャランの判決とクルド人の境遇についてだ。ヒュセインはトルコのワインをひと瓶注文する。タンニンの味がし、私の好みからするとやや酸味の強すぎる液体の最初の一杯を味わいながら、私はこのときになって、うまいとも思わずに飲み込んだ「青目」のウィスキーは別にして、イスタンブルを出発して以来、一滴のアルコールも飲んでいなかったことに気がついた。

別れぎわにヒュセインは、食事のあいだに言っていたことからすると、少なくとも意外といえる言葉を口にした。「私が信じているものはふたつあります。わが神とわが軍です」。この点から見ると、彼もまたトルコ人の圧倒的多数の一人である。この国ではごく若い層を除いて、軍がどれほどよいイメージを持たれているか前にも触れる機会があった。たしかに二十世紀初頭、「東方問題」が云々され、ヨーロッパが衰退しきったスルタン支配国の遺産を分け合おうとしていたとき、アタテュルクに指揮された軍は、この国に生命と誇りを取り戻させた。軍人崇拝はそこに由来するのだろうか？　あるいは、さらにさかのぼって、オスマン帝国の軍事尊重の伝統から来るのか？　それとも、もっと古く、モンゴルの奥深くからやってきた遊牧部族の好戦的な過去に淵源を持つのか？　いずれにせよ、軍人に対する尊敬はいたるところに見られる。神、国家、軍、多くの人にとって、それはどれも同じことなのだ。

旅の中間決算

　郵便局で、スシェヒリの金庫に引取り手のないまま留め置かれていたものもふくめて、郵便物を受け取る。ところが、フィルム十本入りの箱はどこかへ行ってしまった。窓口の男が経緯《いきさつ》を説明するのだが、その小包がまたフランスに送り返されてしまったらしいということ以外、いつものとおり、なにを言っているのかさっぱりわからない。後になって、その小包をパリで回収したときには、フィルムは三本しか入っていなかった。それ以外は消えてしまったのだ。幸いなことに、町じゅうの写真屋を探し回ったかいあって、結局、私のカメラに合う型のフィルムを五本手に入れることができた。

　予定外だったこの休息日を利用して、旅行の現状分析もしてみた。エルズルムに到着した私は、ここまでで千四百五十キロを踏破した。イスタンブル—テヘラン間の行程の半分を少し超えるくらいを歩いたわけだ。そして、出発前に練った計画より十日ほど先んじている。すべてを左右する肉体面では、ほとんど完璧である。トラクター用のグリースを使った療法は靴への効果めざましく、靴と足は以来、完全に和解を果した。私はひと月半で三キロやせた。ベルトは前より穴を三つ詰めて締め、とくに脚、腿、肩を中心に筋肉がたっぷりついた。脈拍は休息時に毎分五十六で、がんばっているときの八十から九十というリズムは、絶好調にある証拠だ。慢性疲労に陥らないよう、欲張りすぎないことさえ注意していればいい。疲労の回復にかかる時間は、ほとんど瞬時といえるほどで、これは私が肉体的にはオリンピックに出る準備をしている陸上選手と同程度に鍛えられていることを示している。

　この旅行の文化的、歴史的な面では、期待したほどの満足が得られていない。情報に属することすべてについて、言葉を知らないことが、ほんとうに障害になっている。しかし、とくに私を迎え入れてくれた家の人々と結ぶことのできた確かな関係、心と心で話し合うような関係は、語彙や文法など問題にしなかった。そして結局のところ、私にとって大事なのは、そういう関係だけなのだ。

この二日間の休日は「見栄えをよくする」ためにも活用した。ズボンと上着は、さんざんこすられて擦り切れ、毎日汗まみれになり、何度洗っても、いつも垢じみたままで、ぼろきれ同然になろうとしている。けれども、これほど便利な服は見つからないので、私の旅行着がひどく気に入ったズヒテュ・アタライという陽気な洋服屋に、とくに目立つかぎ裂きを繕ってもらった。いくら頼んでも、彼は一銭も受け取ろうとしない。彼の望みは、私が旅の話を語って聞かせることで、たっぷり半時間、私はしゃべり続けたのだった。

新聞記者たちの書いたルポは、三つのうち二つが、紙面に余裕がないために掲載されなかった。オジャランの有罪判決が一大事件なのである。新聞の見出しは、大学のキャンパスで出会った教師の言ったことを裏付けている。「新聞は彼の首を取りたかった、まんまとやったわけです」。この人の説明によれば、民主主義の伝統が安定的には根づいておらず、政治的な組織の力が弱いこの国では、新聞が好きなように世論を「こしらえる」。八段ぶち抜き、ポスター並みの大活字で、ここの新聞がやることは荒っぽい。「謀反人に死刑判決」「殉教者の祝祭日」「赤子らの仇討ちなる」といった叫びが各紙の「一面」に躍り、死んだ赤ん坊、判決が下って息子の写真を抱きしめながら喜びに舞い踊る女たち、あるいは三日月を型押しした赤い旗が覆う柩に収められた軍人たちの葬儀の写真がそれを飾っている。こういうものはどれも、法の裁きというより、復讐とか仕返しを思わせる。それでも当局は、欧州連合への新たな加盟要求を目前に控えたいま、国のイメージをよくすることに腐心し、法治状態を守る努力をしてきた。ただそれも、もう明日には暴力の伝統が遠い昔から続いてきた地域に分け入る私には、ほとんど安心感を与えてくれるものではない。

この判決によってふたたび双方が旗幟《きし》を鮮明にし、対立を激化させ合うという循環が始まりかねないが、私はそれに巻き込まれるのではないかと不安を抱くと同時に、クルド人の考え方を一刻も早く、この目と耳で確かめたいとも思っている。これまでは、この問題についての意見といえば、指で喉をかき切るまねをしてみせることに尽きるようなトルコ人にしか接してこなかったからだ。

私は持物を点検してザックの口を締め、床に着くと、夢も見ずに眠った。

冷戦の名残

七月一日、東に伸びる高速道路を通ってエルズルムを離れる。戦争の気配。左も右も軍の駐屯地ばかりだ。こちらでは、フェンスの向うで男たちが喉の奥から声を振り絞りながら訓練している。あちらでは、障害物を置いた訓練コースを走り回っている。その先では、トラックと装甲車の整備をしている。道は軍の車両しか通行していないように見える。

十キロ歩いた後、南に向かう土の脇道に入る。それは昔のシルクロードだが、新しくきれいなアスファルトの道路ができたために見捨てられている。ふたたび静けさを見出す……するとまた兵舎があり、その向うにテレスキー〔リフトの一種〕が設置されている。軍人の休養所か、山岳兵の訓練基地か？　歩哨の兵士に尋ねると、士官を呼んでくるが、その士官は返事の代わりに、さっさと行けとつっけんどんに命ずる。ここではすべてが「防衛機密」なのだ。

道は二千メートルの峠を指して上る。なにがなんでも私をトラックに乗せて運ぼうとする二人の兵士に見事に抗いおおせた。どう見ても、彼らの頭のなかでは、孤独な歩行者と見れば必ず救いの手を差し出すことが強迫観念になっている。峠を越えると、涼しげに小川が流れる、とても美しい谷になり、柳の木立のつくる日陰が弁当休憩にあつらえ向きの場所になってくれる。さらに行くと、ぎっしりと丸石を敷き詰めた道が続き、石の上には昔の荷車の鉄輪の跡が残っている。この道は、キャラバン道のほとんどがそうであるように、最後に戦争のあったときまで軍事道路として使われた。軍はペルシャやアルメニアと紛争になった場合、大砲や食料と弾薬を積んだ荷車を通せるようにキャラバン道を整備していた。

丘の斜面では、放棄された何十ものトーチカが牧草地のなかに点々と配置されている。どれも北東の方を向いているのは、トルコがNATOの前線基地のひとつであった時代の名残である。西洋の前哨として、トルコはソヴィエトという大鬼の侵攻を首を長くしないで待っていた。ロシアの脅威は消えた。それ以来、無用となったトーチカは草原の風にさらされ、大きく開けた灰色の口は、もう唸りをあげることはないだろう。花盛りの石楠花の茂みがいくつか見える。国立学術研究センターの研究者で民族植物学者のミシェル・ニコラが教えてくれたのだが、トルコ人は石楠花とアザレアの蜜でつくられた蜂蜜を「気違い蜜」とよぶそうだ。クセノフォンの軍が敗れたのは、そういう蜂蜜を食べた兵士たちが戦闘不能になったからだと伝えられている。

宗教の話

高度のために、このあたりの麦はまだ青い。正午、人気のないコルジュク村で、土の家の並ぶ路地を堂々めぐりする。やはり土でできた屋根は円い。その上に、ところどころやせた草が生えている。半分崩れた塀の陰から、女が鼻先とスカーフをのぞかせる。この村に店があるかどうか尋ねようと思い、その女のほうに行った。ところが、そばに寄ると、女は消えてしまう。

バッカルの店はいくら探しても見つからなかったが、二人の女の子がおずおずと場所を教えてくれる。納屋かと思っていた窓のない土の建物だ。ドアが細く開いている。押し開けると、薄暗がりのなかに男が三人いるのが目に入る。店の主人には、私に売るような食べ物はなにひとつない。説得のかいあって、ジュースをひと缶手に入れる。旅物語をしてくれと頼まれる。男のひとりはイマームだ。バッカルが段ボール箱をつぶして土間に広げてやる間に、彼は座をはずして身を浄め、長いあいだ祈る。私が出かける支度をしていると、この宗教指導者が昼食に招いてくれる。

食事のあいだじゅう、バッカルと彼は宗教の話しかしない。バッカルは私の宗教を知りたがる。私は嘘も方便で、キリスト教徒だと答える。彼はばかにしたように口をとがらすが、それはまるで私が「悪魔です」と言うのを聞いたかのような、むかつきの表情でもありそうだ。イマームはカトリックの典礼をまったく知らず、私に尋ねる。私はできるかぎりのことを答える。村はずれまで送ってくれる道々、彼は私がイスラムに改宗するよう説得を試みる。もし私は不可知論者なのだと言ったら、彼は恐怖に戦《おのの》くことだろう。トルコで民家に入り込むようになってからはじめて、壁にアタテュルクの肖像がないことに気がついた。

クルド人の地

パシンレルは温泉町である。湯治客向けのホテルは快適だ。残念なことに、私は効能あらたかと保証つきのお湯のご利益にあずかれない。今晩は女性専用だからだ。町の高台では、谷を見下ろしていたかつての城砦の三面の城壁のひとつを復元するために、素人っぽい工事がしてある。時代の要求にしたがって、狭間はセメント製の模造石材で建て直されている。その出来映えは書割を思わせるおかしなもので、何キロか離れないと本物らしく見えない。またパシンレルでは、バゲットを平たく、やわらかくしたような一メートル以上ある風変りなパンを売っている。カタツムリ歩きの旅人にとっては、ありがたい発明品だ。私はそれを一本くるくる巻いてザックに入れておいたが、数日間はそれで持った。

翌日、クルド人の国の奥深くに分け入り、探索する決心をする。たいした情報は持ち合せていないが、オジャランの判決は深刻な混乱を生み出してはいないようだ。私が理解できたと思うところでは、今度のことはPKKの内部に論争を巻き起こす結果になっている。オジャランは裁判のあいだ、クルド人問題に交渉で解決策を模索する用意があるとの姿勢を見せ、配下のゲリラが武器を棄てるようにするつもりだとまで言った。それで支持者のなかには彼の提案に従い、親しみを込めて「アポ」(おじさん)という愛称で呼ばれる指導者が恩赦を受けられることを望みつつ、戦闘行為を停止するよう説く者もいる。党内の強硬派は、反対に、彼は薬物を使われて、裁判のあいだじゅう操られていたにちがいなく、その指令を真に受けるものはいないと主張する。この人たちによれば、ゲリラ戦を大都市に展開して、さらに激化させなくてはならない。そして彼らの主張では、大規模な攻勢によってのみ、アポにとっての最悪の事態を回避するための交渉をして、要求を呑ませることができる。すでにテレビは、イスタンブルとアンカラでのテロの映像を流している。

パシンレルから南に進路をとり、早生物《わせもの》を栽培する灌漑された平野にまっすぐ伸びる小さな土の道を行くが、心は不安でいっぱいである。だが、クルド人の国を見ること、知ること、触れることが私の望みなのだ。最初にわかったのは、ここでは農業が主だが、それが時代遅れの機材を用いて行なわれていることである。パシンレルの市の立つ広場では、トラクターより馬のほうが多かったし、この平野では荷車しか見かけない。道々出会う女たちや数少ない男たちは、地面に身をかがめて働き――それでも、私のようすをうかがっているのはまちがいない――、挨拶しても返事をしない。この先、人々との接触は容易なことではないなと思い、いささか用心しながら、急な坂道の登りにかかる。

断崖の道

ヤストゥクテペは、家並が一キロにわたって道の両側に段状に重なる山間の村である。興味半分、不安半分だが、目的地を遠いところに決めてあるので、今日はできるだけ距離を稼ごうと思い、村人と話を交わさずに通過することにする。とにかく、なにも言わないこと、「こんにちは」とさえ言うまい。それを口にしたら、質問の蛇口をひねることになるからだ。それで、こちらを見つめる目には笑顔で、しかし、あまり気を引かない笑顔で答えるように努める。村人は十人、やがて二十人、さらには三十人と集まり、じっと黙りこくったまま、私が近づくのを見ている。ところどころで土をべたべたした泥に変えている水溜りや水肥の溜まったところをよけながら、村の本通りを上る。そうして村はずれに並ぶ家まで来たが、急いで駆けてきた男が、息を切らして私に追いつく。男はとても気を悪くしている。

「どこに行く?」

依怙地になって私は道を続けるが、答えないわけにはゆかない。

「パイヴェレン」

「道がちがうぞ」

「でも、地図では南の方です」

「そうか、でもまちがってる。とにかく、茶を飲みに来な」

「急いでるんです、パイヴェレンは遠い……」

「茶を飲みに来な!」

その口調は攻撃的ではないものの断固としており、招待は断れるようなものではない。男は私の袖を引っ張る。道を引き返すあいだ、私が絶対に逃げ出すことのないよう、彼は腕を放さない。暗い顔をした屈強な男たちからなる歓迎委員会ができていて、私たちを待ち受けている。男が自己紹介する。彼はバッカルで、自分の店に入ってくれと言う。ありふれた店の内部。食料品はごくわずかだが、ベンチが三つある。よそとおなじようにここでも、食料品店はなによりもおしゃべりをしに行くところである。委員会の面々が私たちに続いてなだれこむ。背の高い子供が茶の用意をする。私がザックを下ろすやいなや、雰囲気がやわらいだ。質問に答えてもらえるのが確実になったので、彼らはうれしそうに笑みを浮べている。彼らは私に対してはトルコ語を使うが、自分たちのあいだではクルド語で話す。私が茶をいれているのが主人の息子であることに気がつくと、みんなが笑う。彼らが言うには、バッカルは十二人も子供がいるので、自分で茶をいれる番がまわってこないのだそうだ。パイヴェレンまでの道は車が通れないから、トラクターに乗せて行ってやる、と言われる。私は誘いを断るが、出発のまえに、みんなの写真を撮ろうと申し出る。その場の男たちがみんな外に出る。何人かは写真に写るのがいやで、脇に寄る。全員が、私の姿が見えなくなるまで、別れの手を振ってくれる。クルド人の村とのこの最初の接触で力づけられた。おそらく用心のためだろうが、だれひとりアポのことには触れなかった。

高地の道はわかりづらい。「まっすぐ」と教えられた。ただ、二キロごとに、いまわしい分れ道がある。いつもの疑問。まっすぐ右か、まっすぐ左か？　頼みの綱は、運よく農民に出会って尋ねることだが、この高所で人はめったに見かけない。一時間歩きつづけたころ、ぶつかり合って耳障りな金属音楽を奏でる、牛乳缶を積んだ車を引いたトラクターの男が、私の予感を裏書きしてくれた。私は方角をまちがえていた。最初の分れ道でまっすぐ左に行かなければいけなかったのだ。男はそこまで連れ戻してやると言う。

私たちは岩山に切り開かれた道を走り、断崖すれすれをかすめる。缶はさらに激しく揺れ、めちゃくちゃにやかましい。これでは話をしようとする気にもなれない。男は運転しながら後ろを向き、座席からずり落ちてしまったクッションをもとに戻そうと、しきりにごそごそやっている。私の目は彼の視線を追う。そのクッションは、ほかの一切と不釣合いな洒落た絹地でできているからだ。ところが、彼がまだ座席を直しているとき、私は目を上げ、叫び声をあげた。道は突然右に曲がり、われわれは奈落に向かって飛び込もうとしている。私の叫びで、男は振り返るより早く、本能的に右に、山側に急ハンドルを切った。トラクターの左の前輪が絶壁をかすめる。

恐怖に脚をがくがくさせて、彼はいまいましい車を停める。そして、ゆっくりと私のほうを向く。その目にいま起きたことを思って浮んだ恐怖が読み取れる。顔から血の気が引いているが、私も彼同様、蒼ざめていることだろう。それから、突然、私たちは大声で笑い出した。緊張をほどく大笑い、あたりに響き渡り、木霊《こだま》が繰り返すばか笑い。そして、私たちの哄笑が止むと、静寂がもどった。私たちの目はたがいを見交わし、道を見、死が百メートル下の岩海のなかで私たちを待ち受けていた峡谷を見下ろす。すると、私たちはまたどっと笑い出した。ああ、死が、ばかげた死がわれわれをかすめて通り過ぎたとき、生きていることはなんとすばらしく思えることだろう。だが、ばかげていない死など、あるだろうか？

ひと言も言葉を交わさないまま、男はギアを入れ、縁起の悪いトラクターを再発進させる。分れ道まで来ると、私は降りられるのが、靴底の下にまた固い大地との接触が感じられるのが心底うれしい。さっき感じた恐怖のショックがまだ激しすぎて、すぐには歩き出せず、坐り込んで、たっぷり十五分は時をやりすごす。道は谷に落ち込み、ついでみすぼらしいあばら屋が何軒か並ぶ小集落を通る。ひとりの男が、高い塀の陰で羊の毛を刈っている。洟をたらした子供たちが遊びをやめ、黙って私を見つめる。さっきの無謀運転手は、ここに住んでいるのはシーア派のクルド人だと言っていた。谷の遠くに探していたアスファルトの道路が見えるので、牧草地を突っ切って近道をすることにする。

危険の予兆

地図によれば、私は東に向かって車の通れる道を行かねばならない。ユーレカ、見つけた。が、三キロ先で車に乗った二人の小学校教師が、私はまた道をまちがえていると言う。彼らは正しい道まで連れもどしてやると言う。二人によると、クルド人は完全に頭にきているとのことだ。昨日からテロが何件もあったそうで、イスタンブルでは本物の武器庫といっていいものが発見された。彼らは用心するようにと繰り返し、もし軍のパトロール隊に出くわしたら、私がアールまで村づたいにたどる予定にしている道を続けるのを妨害されるだろうと言う。

彼らは土の道の近くで私を降ろしたが、その道はゆるやかな丘にそって上ってゆく。男たちがゆったりした動きで草を刈り、子供たちは牛と馬の番をしながら、早瀬でざりがにを探している。コリアンダーや甘草が道端に茂る、こんな牧歌的な風景のどこに危険がひそんでいるというのだろう？

五時ごろ、この地方にたくさんいる、黒海沿岸からやってきた養蜂家たちが合図をしてくる。「ゲル、チャイ！」そのうちの一人が、手を振って彼らが暮す組立て式の小屋に招き入れる。弾を込めた小銃が六挺、銃架にかけてある。私たちはテント小屋を見てまわる。耳と尾を切られた恐るべきカンガルが一頭つながれていて、私が近づくと、唸り声をあげ、激しく吠えかかる。私はそばに寄らないことにする。夜にはこの犬を放すそうだ。

「テロリストは来たければ来るがいい、やつらも相手は手強いってことがわかるだろうさ」と、山での仕事は今年で最後だという、しなびたりんごのように皺だらけのいちばんの年寄りが言う。

少なくともエルズルムでピストルを買っておくべきだった、と私は思いはじめる。

村長の家

パイヴェレン村はそこから二キロである。曲り角から村が見える。斜面に溶け込んだ土造りの家々が、夕日が薔薇色に染めるふたつの白い建物のまわりにかたまっている。モスクと学校だ。どこの戸をたたくべきか？　出発前に、私はパリのクルド人代表団の幹部に会いに行ったが、その人も気をつけるようにと言った。「あなたがエルズルムからバスに乗って、イラン国境まで降りないことをご承諾くだされば、私も安心なんですがね。でも、おそらくそうはなさらないでしょうな？」そのとおりです、と私は答え、村々を知ることができるように幹線道路は通らないつもりだと言った。

「そうですか。それでは、クルドの村では（彼は図を描いてくれた）、ほかの家より大きな家が一軒あるのに気づかれるでしょう。それが村長《むらおさ》の家です。その家の戸をたたいてください。もし戸を開けたのが女だったら、ただ『ご主人にお目にかかりたい』とだけ言って、ほかになにも言わないこと。村長の家ではあなたは安全です。そして、宿の主に、あなたが翌日どちらに行くのかをはっきり伝えてください。彼が前もってあなたの旅程を部族全員に知らせる可能性が高いのです。そうなれば、あなたはほぼ安全といえるでしょう。なによりも、忘れないでくださいよ、女にはけっして話しかけないように！」

というわけで、私はあたりを見まわして、パイヴェレンでいちばん大きな家を見つけ出そうとする。そんなものはない。このことは、現実は人を途方に暮れさせ、人が現実についてつかんだつもりになっている知識を鼻で笑うのが大好きなのだ、という事実をあらためて証明してくれる。なんだかんだ言っても、パリでは事は容易に思えたのだ。人を迎え入れてくれ、将来の困難を取り除いてくれる「大きな家」という単純至極の目印は、不安なときに簡単に思い浮べられる、すてきなイメージだった。ところがいま、パイヴェレン――おそらく「規則があってこその例外」だろうが――は、私をもてあそぶことに決めたのである。無口ななにがしさんは、何度尋ねても、はかばかしい返事が得られなかったが、なんとかムフタルの家まで案内してもらえる。それはテレビのパラボラアンテナをのせた、ほかの家と変らないあばら屋である。戸をたたく。妊娠した若い女がドアを開ける。私は主人に会いたいと言う。女はひと言も口をきかずに家のなかにもどる。しばらくすると、猿のように毛深く、巨体をもてあましぎみのうどの大木が、よろよろしながら出てくる。顔はぼってりむくみ、どろんとした目をしている。寝ぼけているのか、酔っ払っているのか、それとも薬をやっているのか？

XI ……そして盗賊

不気味な出会い

四十に手が届こうかという男は、私より二十センチ以上背が高い。くしゃくしゃの髪、三日も剃っていない鬚、衿を開けたシャツからはみ出たもじゃもじゃの黒い毛、まったく野人そのものだ。男はいきなり怒鳴る。「身分証、身分証!」

私がパスポートを取り出すと、それを見もせずにポケットにしまいこむ。そして、仕切りのドアを開け放ち、私を招き入れるというより、なかに押し込む。入ったところは広い応接間である。クルド人の家の外観とはそぐわない住居の快適さに私は驚いた。外側は、灰色の四角い切石が積まれ、窓らしきものは見当たらず、平たい土の屋根に日に焼けた草がはびこっている。中は暖かい雰囲気だ。絨毯と壁の塗装が彩りを添え、小さな明り取りから弱いけれども十分な光が差し込んでいる。

警戒しているのか、怖いのか、あるいはなにかわからないが、アルコールか薬で興奮しているのか、男は落ち着きなく、いらだっている。アリフの家に着いたときのことが思い出される。この男も、私が何者で、なにをしているのかを知ろうともせずにジャンダルマを呼ぶのか? ここいらを支配する内戦状態にあって、しかもなかんずくオジャランの刑の宣告の後とあっては、人々が神経の昂ぶりを見せることは私にも理解できる。しかし、私は信じている。この男に事情を話し、おしゃべりもしよう、そうすれば彼も落ち着いて、すべては丸くおさまるはずだ。

ザックを置くが早いか、男はそれをかっさらい、なかを開けようとする。きっとアリハジュの農民たちとおなじ不安を抱いているのだろう。彼にしてみれば、この見慣れぬ物体は、武器かなんらかの危険を隠しているにちがいないのだ。私は彼を安心させるつもりだが、持物をひっかき回されるのはごめんだ、そんなことは絶対に許さない。そこで、彼の信頼を得るために、中身がなにかを教えながら、ビニール袋や布袋をひとつずつ取り出して見せる。衣服、薬、食料、寝袋……。彼は床の上の私のそばに坐り、私の「財産」のすべてをさっと検分すると、たいして興味も示さずに脇に置いてゆく。ザックが空になると、横のポケットに入っているものを見たがる。私はそのなかのものも取り出す。最初に出したのはボールペンだ。彼は「おれのだ」と言いざま、それもまたポケットにしまいこむ。この反応は少なくとも礼儀を欠いているように私は思うが、結局のところ、それが欲しいなら、やってもかまわない。ナイフもおなじ運命をたどるが、これはもう絶対に同意できない。それは手放せない、襲われたり、なにかことがあったときに役立つものなのだ。だが、この乱暴者と争う気にはなれないので、ザックのポケットからまともに光ったためしのない懐中電灯を引っ張り出して差し出す。

「ナイフはだめだ、でもこれをやるよ」

相手がそれをひっつかもうとするので、私は体を引き、ナイフを要求する。彼は名残り惜しそうにナイフを返してよこし、懐中電灯をいじくりまわして点けようとするが、当然のことながらむだに終る。私は電池が切れているから、新しいのが要ると説明する。さて、彼がそれをいとおしそうにいじくっているあいだに、謎に光が当たった。私はこのけったいな男がムフタルにしてはずいぶん若いなと思っていた。いままで会ったムフタルはみんな中年男か、ときには老人でさえあった。それにこの男の振舞いは、いまもその証拠を見たけれど、テロリズムに対する恐怖とはなんの関係もない。彼はただ私のナイフと懐中電灯が欲しいだけなのだ。

「あんたがムフタルなの?」

「いや、ムフタルは兄貴だ」

「お兄さんはどこにいるの?」

「エルズルム。今日の夜には帰ってくる」

「それじゃ、パスポートを返してくれ。お兄さんが帰ってきたら見せる」

「だめだ、明日の朝だ」

そう言って、また見かけ倒しのランプの操作に熱中する。彼はザックになにが入っているかをまた知りたがる。だが、私は棚卸しを切り上げ、カメラの入ったポケットを開けなかったことにほっとする。荷物調べが終ると、彼は私の上着のポケットに手をつっこむ。私はあわてて身をかわし、相手を睨みつける。虚勢を張り、威圧しようとするが、自分が相手の意のままであることはよくわかっている。だからなおさら毅然とした態度をとるべきだ。相手の抗議を寄せつけず、なだめすかしながら、ザックを詰め直す。兄さんが帰ってきたら、全部見られるんだから、と言っておく。この猿公が何者なのか、前もって聞いておかなかったことが悔やまれる。彼が私を引きずりこんだのはムフタルの家だが、彼自身は、さきほど見かけた身重の妻とともに棟続きの住居に住んでいることもわかった。

彼は少し離れたところに行って腰を下ろし、ポケットからランプとボールペンを取り出して、うれしさに顔を輝かせながら撫でている。好奇心のかたまりになった彼の妻が、私のうえに視線を釘づけにしたまま、部屋に入り、近づいてくる。猿公は立ち上がると、押したり突いたりして、出て行かせようとする。妻は抵抗する。彼が妻の肩を突き飛ばしたのがきいて、妻は引き下がる。それからの二時間、彼女は十回もやってきて、そのたびに同じように乱暴に追い払われるのだった。

「あんたの奥さんかい？」

「そうだ」

「どうしてたたくんだい？」

彼は返事をせず、私の荷物のそばに寄る。私にもすべてが呑みこめた。この男は酔っているのでも薬物中毒なのでもなく、病気なのだ。残る問題は、おとなしい狂人か、たちの悪い狂人か、である。たぶんその身の丈のせいで、いやなによりあのどろっと濁った目つきのせいで、ぞっとさせられるのだ。そして、妻に対して見せた乱暴ぶりは、用心しなければ、私に向けられるかもしれない。しかも、私は身分証明書を取り返さないかぎり、ここで身動きならず、足止めを食っているのである。

老婆がひとり入ってくる。男はとてもていねいに扱う。彼の母親である。彼は私がこの旅行について話したことをクルド語で手短かに伝える。少なくとも私はそういうことだと思いたかった。母親は私に話しかけようとせず、私もパリで言われたことを思い出して、言葉をかけない。母親が入ってきたのに乗じて、十二歳くらいの男の子が二人、するりと入ってくると、隅っこに坐り、おとなしくしている。母親が出てゆくと、猿男は子供たちのところに行き、私からかすめ取った「宝物」を見せる。子供の一人がやはりランプを欲しがる。まだある？　いいや。

すると、乱暴者はポケットから私のパスポートを取り出し、もう一人の子供に渡す。それで、彼がいままでそれを見ようとしなかったのは、字が読めないからだとわかった。子供が外国語をつっかえつっかえ読み上げる。私はその子のそばに行き、何気ない風をして、

「トルコ警察のスタンプが押してあるところを見せてやろうか？」

子供は、はいともいいえとも言わなかったが、私はおかまいなしにその手から書類を取り上げる。まずそのスタンプを、それから色のついたイランのビザのページを見せてやる。さてつぎは、一か八かやってみるしかない。私はパスポートを閉じ、即座にポケットにしまって、念を入れてボタンをとめた。猿男が飛んでくる。

「よこせ」

「これはムフタルに渡す。あんたはムフタルじゃない」

彼は怒るが、書類を力ずくで取り返そうとはしない。私はほっとした。こんな大男相手では、勝ち目はまるでなかったのだから。今度は、この窮地から脱出しなければならない。私はザックのところにもどり、それを背負うと、出口に向かった。

「今晩また来ます。お兄さんが私を探すようだったら、村の入口の養蜂家たちのところにいるから」

「だめだ、ここにいろ」

私の出発で彼はあわてふためく。ポケットに手を入れ、ランプを取り出す。

「ほら、これを返すから、ここにいてくれ。兄貴はもうじき帰ってくる」

へまをやらかさないように、よく考えてみる。ここでは危険を感じている。しかし、それはアリハジュで冒したのとはまったく違う危険だ。クルド人は軍に助けを求めはしないだろう。そうするには、軍とクルド人村との関係はあまりに敵対的でありすぎる。最初に通ったクルド人村のヤストゥクテペでもここでも、エルズルムまではどこにでもあったアタテュルクの肖像を見かけなかった。これからは、問題が生じたら、村人の助けを借りて解決してゆかなければいけないのだ。ところが、もし私が養蜂家たちのところにもどったら、私はクルド人陣営からトルコ人陣営に移ったことになる。そして、ムフタルのもてなしを拒否することによって、彼に侮辱を加えることになる。彼はまちがいなく尊敬でき、尊敬されてもいる男だろう。頭の弱い弟の常軌を逸した振舞いを彼のせいにするわけにはゆかない。そして最後に、養蜂家たちに宿を乞うにしても、今夜は安全だろうが、その後は？ 私はパリのクルド人が言ったことを思い返す――集落から集落へ、すべてが知れ渡る。この村のムフタルの面子《メンツ》をつぶしたら、ほかの村に挑戦することはできなくなるだろう。

結局、私にとって肝腎要はパスポートを取り返すことだった。それに、兄さんが帰ってきさえすれば、すべてがうまくゆくだろう。だから、我慢して待つべきだ。私は荷物を下ろした。猿公がほっと息をつく。だが、明らかに私を恨んでいる。それでも、私は状況を支配できると思う。彼が返してよこした懐中電灯があれば、彼をなだめることのできる交換物を手にしていることになるからだ。

不安の一夜

それからの何時間かは、いつもどおりの筋書きが繰り広げられる。まず老人たちが、というのは彼らにはたっぷり時間があるからだが、外国人を見にくる。そのつぎに村の有力者たちが現れる。その一人はかなり若く、三十五歳くらい、三つ揃えを着込み、つるつるに顔を剃り上げている。ほかの人たちは厳しい気候でしわくちゃになった顔をした、やせこけた農民ばかりなのに、彼だけは太り気味だ。だれなのか、たちどころにわかる。イマームである。猿男はその場の主役をこなし、いそいそと動き回り、消えたかと思うと、新参の野次馬を連れて戻ってくる。病人以外の村人全員が、たちまち部屋にすし詰めになる。アリハジュの記憶が私にとりつく。この男たちはなにを考えているのか？　私になにを望んでいるのか？　彼らは愛想よく、旅のことを聞いてくる。

信心深い男の印である丸帽をかぶった人たちは、イマームのまわりに集まって、イマームに大変な尊敬を示す。ずっと口をきかないでいたイマームが、私の旅行、宗教、職業、収入についてどっさり質問してくる。彼が発言を始めると、信者集団が支持を表明するためにさかんにうなずく。結局のところ、彼と私という、二つの陣営があるかのようだ。この人たちは私に対して攻撃的になることはないとはいえ、彼らにはなにも期待できないと思う。私たちはたがいにかけはなれすぎている。日が暮れた。ふたたび不安が忍び込む。ムフタルは帰ってこない……。ムフタルがいなければ、私は今夜、ひとりであの たちの悪い猿男の相手をすることになるわけで、そう思うとぞっとする。なにかにつけ、男は物欲しげな目を私のザックに投げ、そばを通るときには、それがちゃんとあることを確かめるかのように、撫でてゆくこともある。こいつが物欲で気も狂わんばかりなのは疑いない。そしてたぶん、ほんとうに気が狂っているのだろう。村人たちが、千五百キロの後でもまだ同じだけ歩けそうな私のでかいどた靴に見とれていると、男はにっこりと不気味な笑みを浮べて言う。「これはおれのだ」。村人たちは白けて横を向く。もうわかった、こいつは懐中電灯では満足しないだろう。

十一時、いまやムフタルが帰ってこないことはまちがいない。猿男が絨毯を運んでくる。イマームと四人の男が祈りを唱える一方で、ほかの男たちは儀式を無視して、おしゃべりを続けている。疑い深くなった私は、祈りをするならなぜモスクにゆかなかったのだろう、と自問する。それと同時に、この宗教はほんとうに融通無碍《むげ》なのだと思う。信者のいるところが寺院になってしまうのである。それから、男たちが代わる代わる暇乞いをしてゆく。十二時ごろには、イマームをのぞいて全員が帰っていった。狂った男がヨーグルトとパンとチーズを取りにゆき、私たちは夕食を食べる。その後、男は板張りの長椅子の上にマットレスをふたつ敷き、毛布をかける。私はその支度に不安の目を投げかける。イマームのひと言が私を安心させてくれる。

「私がここで寝るんです」

すべてがはっきりした。イマームは妻子とともに近くに住んでいると言っていたのに、ここで寝るとすれば、ムフタルが不在のあいだ私を護ってくれるつもりなのである。それは私がまさしく精神病者を相手にしていることの証拠だ。不安のせいで寝つけない。ときどき、しばらくうとうとしたかと思うと、はっと目を覚ます。絨毯の上で毛布にくるまった狂人は、こんこんと眠っている。イマームはいびきをかいている。

さらば、クルドの村

五時、最初に差し込んできた光で目が覚める。とにかく私は気が張り詰め、猿男の毒牙から逃げ出すことしか考えられないのだ。だが、もてなしの作法という金科玉条を冒すわけにはゆかないから、朝食まで待たねばならない。狂人が女たちと食事の用意をするあいだ、イマームがカトリックの教義とキリスト教の典礼について長々と聞いてくる。せっせとポケット辞書を引きまくり、私の語彙にはまったく欠けていて、ほんとうに忌ま忌ましくなってくる宗教用語を探しながら、できるだけのことは答える。

朝食は夕食に似ている。パンとチーズ、飲物は茶。粗食に重労働。ここでは国の西部のように肥満を見かけないのも不思議はない。

出発しようとすると、イマームに止められる。

「外に出ちゃだめです、まだ犬が羊と出かけてない。八つ裂きにされますよ」

じれったくてならない。私たちは口をきかない。私はどす黒い思いを噛みしめ、一刻も早く逐電したい。猿男がうろうろしている。こらえがきかなくなって、私にランプをくれと言う。最高の笑顔をつくって、それをくれてやる。これを限りに、きっぱりとおとなしくなってくれることを願うが、そうは問屋が卸すまい。

やっと七時ごろ、外出許可をもらえる……。羊飼いと羊の群は山の牧草地にでかけた。村は人気がない。昨夜は、毎晩しているように水筒に水を満たして、消毒薬が夜のあいだに効き目を現すようにできなかった。それで、水場まで行く。その道々を利用して、イマームがまた私の宗教について質問を連発する。私はなんのやましさも感じずに、相手の言っていることが全然理解できないと言い張る。ほかのことで頭がいっぱいなのだ。つぎの村ではなにが私を待っているのか？ 私は危険が迫っているという思いに駆られている。いったいこの人は、私が宗教の徳目の比較なんかどうだっていいと思っていることをわかってくれないものか！ とにかく私は、昨日の夕方あのとんちきの家の戸をたたいて以来この身を締めつけてきた恐怖から、一刻も早く逃れたいのだ。

さきほど納屋に駆け込んでいった忌まわしき猿公が、また私たちのほうにやってきたときには、身内をぞくぞくっと恐怖が走り、すくみ上がってしまう。おまけに彼は私と一緒に歩きにきたと言い、私を恐怖のどん底に突き落とす。

しかも、彼は鋭利な手斧を手にしている。それは干草用のフォークを削っていたヒュセインや、丹念に研いでいた木工職人のアフメットの器用な手に握られていたのとおなじものである。私は半狂乱の目をイマームに投げる。だが、この人からはなにも期待できない。彼は手を差し出すと、私に会えてよかったと言い、ポケットに手を入れて、平然とその場を離れてゆく。おそらく彼が昨晩、私を護るために残ったのは、だれもがこの村のなかで外国人が身ぐるみ剝がれたり、暴力を振われたりしてほしくなかったからだろう。しかし、それが自分の縄張りの外で行なわれるなら、関わり合いはないというわけだ。狂人は顔を輝かせる。われわれが人目から遠ざかれば、やっと思いのままに私の持物を強奪できることがわかっているのだ。

私はパニックに陥らないように努める。男が私の目の前で振り動かしている武器と、この男のばか力が相手では、自分が無力であることはわかっている。これほど抑えがたい欲望の前で、人間の命にどんな価値があるか？　この男にとっては、ゼロだ。

正直な気持からすれば、ザックを放り出して、一目散に逃げ出したいところだ。だが、どこへ行けばいい？　ムフタルの家の前にはトラクターがある。狂人は、それをちょっと動かすだけで、私に追いついてしまうだろう。早く実行に移りたいと気がせく彼が、行こうと言う。満杯になった水筒をしまいながら、私は考える。どうやって時間を稼ぎ、距離をとり、危険から離れるか？　突然、思いつきが閃いた。昨日の夕方、養蜂家たちのところに戻るとおどかしたら、男は腰砕けになった。その手をまた試してもいいじゃないか。

「友達の養蜂家たちにお別れの挨拶をすると約束してあるんだ」と私は言った。「まずあっちに行って、また戻ってくるから、それからあんたも一緒に来ればいい」

彼は子供のようにむずかるが、しかたなく私の気まぐれを受け入れる。時を置かずに私はザックを背負い、さっさとずらかる。養蜂家たちはとっくに仕事を始めていた。私は昨夜の出来事をかいつまんで話し、自分の察したことの確認を求める。

「ムフタルの弟は普通じゃないですね？」

彼らの身振りが明快な答となる。それで私は、手斧と私について行きたいという男の申し出のことを話す。

「もと来た道を戻りなさい。あいつがここに来たら、引き止めてやるよ」

私はすぐに道に戻り、先を急ぐ。こんなに速く歩いたことはないと思う。ときどき立ち止まり、エンジン音が聞えたら身を隠すつもりで、耳をそばだてる。昨日通った小さな集落で、子供たちに飴玉をやる。ムフタルだと名乗る偉丈夫が、パスポートを見せてくれと言う。まだ面倒が続くのか？　恐る恐るパスポートを差し出す。相手はそれをぱらぱらめくると、満足して返してよこす。それで力づけられた。なにしろ礼儀正しさに出会うことはもうあるまいと諦め切っていたのだから。半時間後、またアスファルトの道に出て、パシンレルに行くトラックを停める。車が走り出してやっと、危険から脱出できたという気になれた。

運転手にアラス河のほとりで降ろしてくれるよう頼む。この河は先のほうでイスラムのトルコとキリスト教のアルメニアとの国境となる。十七世紀、ムスリムは敵であるキリスト教徒が河の水を汚すのではないかと恐れた。そのため、彼らは雨水溜めの水しか飲まなかった。一方のキリスト教徒もおなじことを危惧し、水を汲むのは井戸からだけだった。現在の恐ろしく汚染されたアラス河なら、信仰の別なく全員を毒殺し、またたくまに天国と地獄を満員にしてしまうことだろう。

河の向う岸に国道百号線が見える。ここは昨日の朝発ったパシンレルから十五キロのところだ。ほとんど出発点に戻ってしまったから、昨日歩いた四十キロと今朝の十キロは結局むだになった。だが、なにごとにも代えがたいのは、私がまだ生きてぴんぴんしているということだ。なにを不平を言うことがあろう？

さらば、クルドの村よ。もしまた来るとすれば、ひとりではなく、あなたがたのアイドルに死刑判決が下った週を選ばないようにしよう。私は幹線道路を離れないことに決め、自分自身を叱りつける。ヤストゥクテペでは、人々が銃を向ける真似や指で喉をかき切る真似をして見せて、私が恐怖に向かって行くことになるのだと警告してくれたのである。そして、昨日の朝、最初に遇った養蜂家で、アイランをふるまってくれた人は、私が武器を持っているか心配そうに尋ねたものだ。つまり私はなにもかも心得ていたのである。いやとんでもない、あくまで意志をつらぬき、守護天使を信頼すべきだ、などと考えていた私はなんとおめでたい男か。遠からず、不可能を要求してばかりきたために、私を見棄てることだろう、わが守護天使は。いずれにせよ、西部劇の大ファンである私は、荒くれ者がブーツを奪うためにカウボーイを殺すシーンを今度目にしたときには、パイヴェレンの猿公を思い出すことだろう。

ひとり旅の対価

国道百号線でトラックが私を降ろしたところは、キョプリュキョイ（橋の村）という名前である。たしかに橋がひとつ、八つのアーチを持つ古くて、じつに美しい石橋がある。現在は通行が禁止されているが、かつてはアラス河の両岸にまたがっていた同じ村の地区どうしを結んでいた。その後、だれに聞いてもわからない理由により、村は三キロ移動した。今日では、この建造物は野原と野原をつなぐだけである。橋を観察していると、自転車乗りが通りかかる。シルクロードの駱駝みたいに荷物をどっさり積んだ旅行者である。彼は私には聞きとれないことをなにか叫び、勢いに乗ったまま走りつづける。これはたしかに外国人である証拠だ。さらに先に行くと、家族が坐って草上の昼食をとっている。夫婦も二人の子供もヨーロッパ風の服装をしている。旦那はジャンダルマだと言う。奥さんはすごい美人だ。彼らは野菜のボレッキと肉のボレッキを食べてゆけとすすめる。こうしたことは、どこか田園風ののどかさや、やさしい人間愛を感じさせ、あの忌まわしい夜を忘れさせてくれる。河では女たちと子供たちが、腹まで水に入って、大きな絨毯を水に浸け、勢いよく揺り動かしたり、こすったりしてから、河原の石の上に広げて日に干している。子供たちはきゃっきゃっと騒ぎながら水をかけ合い、母親たちに叱られる。こうした田舎の穏やかな光景で私は元気が出てくる。さあさあ、運悪く脳足りんにめぐり合せたからといって、いつもの上機嫌を忘れることはないじゃないか！　しかし、また道を歩きはじめるや、ふたたび陰鬱な想念を反芻する。なんたる不運！　私が通るなかでいちばん面白い地域のひとつはクルディスタンなのだ。ところが、こうしてそこいらの観光客のように、世界中どこでも同じような個性のないこの道路を歩くことを余儀なくされている。

この日のキョプリュキョイからホラサンにかけての風景は、まったく記憶に残らない。道中ずっと、腸《はらわた》の煮えくり返るような怒りに運ばれる。そして、うなだれ、自分の足を見つめながら、不機嫌な足取りで二十七キロをかたづける。

ホテルでは、怒りはおさまるが、今度は惨めな鬱状態に落ち込む。緊張があまりに強すぎた。突然、孤独にうちひしがれる。私は越えるのを楽しみにしていた国境まで二百キロしかないところまで来ている。ところがいま、疑念と恐怖がすべてに暗い影を投げている。恐怖。頭では抑えようのない恐怖。私はPKKは怖くない。政治の闘士たちが、ときに乱暴で、人を殺すことさえあることは知っている。しかし、彼らの行動はそれなりの筋が通っている。最悪の場合には、PKKは私を人質にとり、取引の道具として使うかもしれない。その危険なら、私は引き受けるつもりだ。だが、靴をかっぱらうために私を殺そうとする気違いの危険を背負い込むのはごめんである。もちろん、なにごとにも事欠くあの貧しい人たちが、多かれ少なかれぴかぴか輝いて見える品々に、西洋がテレビの画面に並べ立てる絢爛《けんらん》たる豊かさに幻惑されているのはわかっている。それらはあの貧しい人々を夢に誘い、ちょっと頭の弱い者を狂おしい物欲に駆られた反射的行動へと導くのである。

けれども、彼らとおなじく、私の皮膚も日に焼けてなめし革のようになっているし、彼らとおなじく衣服は少し破れ、日がな一日、彼らが干草の山の重みにあえいでいるように、私も装備一式の重みにあえいでいる。しかし、私が望もうが望むまいが、私たちは二つの異なる世界に生きている。私はヨーロッパとその豊かさ、その自動車やアクセサリー、そのマクドナルドやスター女優を代表している。私としては中身を隠し立てするつもりのないザックのなかに、彼らは山ほどの財宝を思い描く。車を何台持っているか、給料はいくらかと聞かれない日は一日とてなく、人々が私なら持っているはずだと思う財産の見積りをしない日もない。なぜといって、私は旅行ができるのに、彼らは……。何千年も前から、彼らは駱駝の背に載せられて、大きな積荷に隠された宝物が行列してゆくのを見てきた。私の背にも、小さくつつましいとはいえ、やはり積荷がある。それを見れば、なかに黄金がつまっていると想像することだって……。そして、こうした辺鄙な土地では、泥棒と憲兵の、時には人殺しともなる駆け引きが止むことはついぞなかった。ここで、あるいはイランで、私はまた狂人に出くわすことになるのだろうか？　しばらく前から疫病神が私につきまとおうとしているらしいから、それは大いにありうることだ。出発以来はじめて、私はひとりで来たことを後悔する。疲労と前日の眠れぬ夜にもかかわらず、ずいぶん遅くまで寝つけず、四時間の乱されがちな睡眠の後に目覚める。

自転車旅行の若者たち

ホラサンからエレシュキルトまでは七十キロ以上あるが、どこにもホテルはない。どこで、いつ歩を止めるかはっきりしないまま出発する。午ごろ、小さな峠を越え、道端で休んでいると、前日の自転車乗りと瓜ふたつに見える男が現れるが、こちらは停まる。彼はイギリス人で、リヴァプールから来た。それからまもなく、カップルが彼に合流する。この三人の若者は、三人合せてもせいぜい私の年くらいだが、ニュージーランドを目指しており、クリスマスに着く予定でいる。彼らはキャンプしているので、荷物をどっさり積んでいる。自転車はバッグや袋におおわれて文字通り姿を消している。私たちはよく似ていて、みんな肌は褐色に焼け、唇は日射しでひび割れ、快調な体から無言の喜びが湧き出ている。彼らは毎朝六十キロから八十キロ走り、午後の暑い時間帯は休息にあてているそうだ。私は彼らの写真を撮り、彼らは私の写真を撮ってから、下り坂を全速力で吹っ飛んでいった。陽気で気のいい仲間たちと言葉を交わしたおかげで、私は暗い思いから抜け出ることができた。ちょっと前、私はひとりで旅行に出たことを後悔していた。しかし、彼らが行ってしまうと、考えが変る。たしかに彼らはすごい旅をしていて、かけがえのない思い出をためこんでいる。だが、彼らと私の共通点はそこまでだ。自転車で走り、テントで寝る彼らは、訪れる国の一部しか見ておらず、それはおもに風景である。仲間うちの言語に閉じこもり、テントで寝ているのだから、盗みに遭う危険は私より小さいが、住民との交流はごく限られている。彼らは世界を発見する、私は世界を自分自身の体験と突き合せる。

首裂き男たち

今日は乗用車や大型トラックの運転手がみんな私を乗せたがる。まるで示し合せたかのようだ。バスの運転手が「パラ・ヨク」（ただだよ）と叫びながら停まる。私を追い越した軽トラックの父親と二人の息子がバックしてくる。父親は私に旅物語をさせたかわりに酒のつまみになりそうなものをくれる。父は息子たちに向かって滔々と演説をぶつが、それは私の解釈によれば、努力という美徳の擁護と顕揚である。彼は何度も私を指し、息子たちは、まるで私が聖人に列せられつつあるかのように、こちらをじっと見つめる。それから、彼らは私がヒッチハイカーとして拾われるよう説得するのをあきらめ、大きく手を振りながら去ってゆく。

とても暑い。ザックにかけたTシャツが乾くあいだに、もう一枚が背中で濡れる。草原で幾十もの羊の群が羊飼いに見守られながら草を食んでいる。近くまで行くと、羊飼いのひとりが走ってきて、質問を浴びせてから、話を聞かせるために仲間たちのほうに戻ってゆく。私が蜻蛉《とんぼ》であったなら、その話を、かならず発せられる質問を、インタビューをして得意になった少年羊飼いがきっとでっち上げたくなる答を聞けるのだが。

クルド人の村は周囲の自然に溶け込んでいる。山から採ってきた石を積んだ壁は山とおなじ色をしており、草の生えた土の屋根は牧草地に溶け込んでいる。家も家畜小屋も——どちらもよく似ている——すべて南を向いて建っている。寒さや暑さをよりよくしのげるように、窓は家にはほとんどなく、家畜小屋にはまったくない。集落はたいてい平地のへりに位置し、丘に向かってわずかに段をなしている。その前には畑。後ろには牧場。三千年来、軍人の集団に蹂躙されてきたこの土地では、近くの山が逃げ場所となる。道路には、これまで以上にぎっしりと軍の姿がある。小高いところに装甲車が陣取り、数十キロ四方を監視している。トラクターが大きな鉄製のベッドを三台載せた荷車を引いてゆく。荷車の前部には、おじいさんのために特別席がしつらえてある。それはりっぱな顔をした厳かな老人で、剣を捧げて敬礼しているかのように、まっすぐに持ったどでかい黒い傘を日除けにしている。

標高二千三百メートルのサチュ峠を越える途中で精根尽き果てる。少年の羊飼いが私のところに来て、飲物をやろうと言う。

「よかったら」と彼はつけくわえて言う、「あんたが飲めるように子牛の血を抜いてやるよ。元気が出るぞ」

そう言いながら、彼は手でもりもりした胸板をつくってみせる。私は気持悪さでぞくぞくするのを抑えるのに苦労しながら、厚く礼を言う。

峠を越えると、アイドゥンテペという小さな村が、もし私がパイヴェレンの記憶のせいで宿を乞うことをあきらめているのでなければ、絶好の宿泊地となったろう。たしかに一軒大きな家があり、そこには村長が住んでいるのだろうと想像できる。しかし、勇気が出ない。さらに下ると、道路は深い峡谷に落ち込んでゆく。時間は遅く、安全のために歩くのをやめなくてはいけない。そこで、大きな黒い車を停めることにするが、なかにはすでに男が五人乗っている。私が座席に坐るやいなや、がっしりとして、顔には分厚い口髭が黒々と真一文字の線を引いている運転手が、政治への熱情が明らかな声で言う。

「オジャランの判決をどう思う?」

さてさて! とにかく軽率に答えないことだ。

「私は外国人で、その事件のことも、この地方のこともよく知らないのです。その判決はこのあたりに混乱を引き起こしませんか?」

答はよく理解できないが、どちらかというと安心できるような口調である。ところが、突然「トルコ人」という言葉が発せられ、それを口にした男が喉元で指を刃のようにすべらせる。事情が呑み込めた。彼らの表情は深刻である。りゅうとした身なりをした彼らは、農民らしきところはまったくなく、その物腰はビジネスマンのそれではない。十五年間、政治ジャーナリズムで仕事をしてきた私には、この連中の素性がわかる。闘士である。おそらくPKKの党員だろう。質問したくてうずうずするが、どう切り出したらいいだろうか? 私はできるだけ何気ない風を装って言う。

「ＰＫＫの人たちを知っていますか？　彼らがこの件をどう考えているか知りたいのですが」

その質問で車内が凍りつく。沈黙の後、運転手が断崖を指してみせる。

「ここには金があるんだ！」

私の質問に答が得られる可能性が皆無なのは明らかだったが、それでも試してみた。金の話をとらえて言う。

「じゃ、どうして掘り出さないんですか？」

喉に指。

「トルコ人がそうさせたくないのさ」

この車では、しょっちゅう手真似で喉をかき切る。やがて町はずれで兵舎の前を通ったときにも、またこの身振りを目にすることになった。道路のほうを向いて、何十台もの戦車が大砲の不気味な黒い穴をのぞかせている。わが五人の猛者《もさ》諸君は、それが見えるが早いか、いっせいに人差指で頸動脈を切る。

エレシュキルトで五人の首裂き男は車を降り、熱心に話し込みながら彼らを待つ男たちの集団――やはり首裂き男たち？――のほうに向かってゆく。別れぎわに、彼らはダニエル・ミッテラン〔ミッテラン元大統領の妻。クルド人の権利擁護など人権活動に携わった〕によろしく伝えてくれと言う。いまトルコ語が自由自在に使え、彼らとおしゃべりできるなら、なんだってするのだが、手元には貧弱な語彙しかなく、それはここまで乗せてくれた礼を言い、楽しい夜を、と挨拶するのに役立つだけだった。

歩かないと見えないもの

エレシュキルトでただ一軒のホテルは、ガソリンスタンドと夜間営業のレストランの上階にあり、いうまでもなく、ものすごくうるさい。しかし、私は大変な睡眠不足であったから、日暮れとともに床につき、朝の五時まで一気に眠った。床を出ると、荷物の大半をベッドの上に出し、大事なものだけを持って道にもどる。エルズルムに木材を届けに行くトラックが、昨日の夕方クルド人のリムジンに乗った地点まで私を運んでくれる。この行動は信じがたいことのように見えるかもしれないことは承知している。でも、わかっていただきたい。エレシュキルトへの途上にあるこの隘路は、昨日の夕方乗用車で、今朝トラックでと二度通ったから知ってはいるが、ほんとうのところ、私はそれを見てはいないのである。私はそれを自分の目の高さで、歩いて発見したい。そして実際、そこを歩いてみると、まったく違って見え、より大きく、より壮大に、より圧倒的に見える。ひと言でいえば、より現実的である。砂粒をひとつ、またひとつ、大きな野望をいだいた川が岩山を削って河床を切り開き、そこに道路がするりともぐりこんだ。すらっとした白馬に跨る男が挨拶をかけてきて、絶壁にもぐりこむ細い道に入ってゆく。飴玉をやった三人の子供は、手に鉈鎌を持って、仕事にでかけるところだ。驢馬に乗った十歳くらいのいちばん小さな子が、悪ガキのようすで、ぶつぶつ文句をたれる。私はピンバッジを入れておいた小さな袋をなくしてしまったので、ほかにやるものはないと説明する。しかし、子供は不平を言いつづけ、大胆になって、「パラ、パラ、パラ」と言いつのる。金をなんに使うつもりかと尋ねると、子供は煙草を吸う真似をする。それで、私はポケットは空っぽだという身振りで答え、私のすげなさにかんかんになった子供らを放って先に行く。数百メートル行くと、自転車のイギリス人たちがベルを鳴らしまくり、さかんに合図しながら追い越してゆく。彼らはきっと隘路の入口で野営して、ゆっくり朝寝したのだ。ゴルジュ帯を抜けたところでひと休みし、風景をとっくり眺める。右手には二日前から目にしてきたのと同じようなクルド人の寒村。錆色の壁のわずかばかりの家、牧草地から戻ってきた羊、モスクすらない。左手は、小高いところに隘路の入口を警固する兵舎。真新しいトタン屋根をのせた新築のこざっぱりした建物が並び、花がそれを縁取り、いつものように戦車の列がつづく。鉄条網の向うで突撃銃を胸にかかえた兵隊たちが警戒に当たっている。私の目の前にあるのはカフカの「城」だ。おたがいに知らないふりをする、あるいは対立し合う二つの世界。そして、城＝兵舎に「登る」ことを望んだとしても、銃や戦車の不気味な口がずらりと並んでいるのを見ると、こちらから話しかける気は失せ、向うからも話しかけてほしくなくなる。

　私は楽々と歩いている。ザックは軽い。パイヴェレン後のどん底の鬱状態は、すでに高く昇った日を浴びて溶けてしまった。そこここで、子供らが家畜の群の番をし、迷い出た牛に石を投げて、本隊に戻したりしている。また天然ガスのパイプラインの建設現場に出くわす。ここでは工事がほとんど終っている。埋めもどした溝にそって掘り返された土の痕が残り、草原のなかをまだ治りきらぬ傷が走っているかのようだ。私が中で立てそうなくらい太くて黒いパイプを流れるガスは、アンカラ地方に行くことになる。

　数十キロ南には巨大なアタテュルク・ダムがあり、人々が言うには世界最大だとのことだ。全部で二十二カ所にのぼる他のダムは、ほとんどすべてが同じ地域にある。それらは最初の文明が誕生するのを目撃したふたつの河、ティグリスとユーフラテスの水をせき止め、GAP（グレート・アナトリアン・プロジェクト）をかたちづくっている。そこで生み出される電力は、工業化の進んだ西部に送られる。クルディスタンでは、富は通過するだけである。雇用と収益の一部が現地に留まらないかぎり、軍はいつまでたっても隘路や高圧線の鉄塔やパイプラインを警備しつづけることになるだろう。

エレシュキルトに戻ると、血まみれで危険な状態の男のまわりに人だかりがしている。男は車にはねられたので、人々はさかんに身振りをまじえ、興奮気味に事故の話をしながら、救急車を待っている。しかし、私は乱暴な運転手がお咎めなしに済むのは間違いないと思う。前にも言ったように、トルコではすべての運転者が、雑踏する通りに、静まり返った道路に、この上なくのどかな道に、血しぶきをはねあげる権利を持っているのである！

翌日、早起きして、十キロほどこなすと、乗客をぎゅう詰めにしたミニバスがそばに停まる。男が窓を開ける。私は歩くほうがいいのだと言いかけたが、男は笑って、私の母国語でこう言う。

「あんた、フランス人なんだ」

「どうして知ってるんですか？」

「みんなに聞いたのさ……町はどこ？」

「パリ」

「おれはクレテーユ〔パリ郊外の町〕で働いてた、クレテーユ、知ってるかい？」

「ええ」

「おれはミッテランのころにいたんだ。ミッテランには会ったことがあるかい？　それから、ダニエルは？　彼女は友達だよ……」
ダニエル・ミッテランは、トルコ人に嫌われているのとおなじくらい、クルド人に好かれている。

イランでの心配

五時半ごろエレシュキルトを発ち、五時間後にはもう遠く平原のなかにひっそりとかたまるアールが見える。しかし、町の中心部に達するにはまだ二時間以上かかるだろう。町に入るまでの道はノルマンディーの村によく似て、小さな庭のある家が道路に沿って並び、その後ろに畑が広がっている。歩きながら、また重たくなったザックの下に両手を差し入れ、肩のこすれを軽くする。すると、ズボンの尻の寿命が尽きていたことに気がついた。このあわれなズボンがテヘランまで持つとは思えない。目隠しとして安全ピン二本でTシャツをザックに留め、大きなかぎ裂きから見えてしまう派手な色のパンツを隠す。

ホテルを見つけるとすぐ、大急ぎで応急修理をしてくれる洋服屋を探しにでかける。それと同時に、銀行口座から大金を引き出し、残っているトルコリラをドルに換える。イラン国境の手前の最後の町であるドゥバヤズトでは、両替できないのではないかと心配だからだ。それから、長袖のシャツも買う。アヤトラたちを甘く見るわけにはゆかないからだ。通りに掲げられた横断幕にインターネット・カフェと書いてある。私はそこに急ぐが、なかにはペンキ屋がいて、店は翌日の夕方、塗装が終って、ペンキが乾いてからでないと開業しないと教えられる。明日の夕方には、私は遠くにいる。ドゥバヤズトにインターネット・カフェはないそうだ。イランでそれが見つけられるとも思えない。したがって、これからひと月以上、家族や友人、そしてあらゆる情報から切り離されたわけである。

七月七日の一日は、休息と、とくにイラン国境越えの準備にあてた。旅を始めたときとおなじように、生来の悲観主義にとらわれてしまう。国境での手続きは時間がかかり、面倒でうんざりさせられるそうだ。こうして私は、だれも答えることのできない疑問、自分のなかに広がる漠とした不安に、はっきり言葉を与えるのにしか役立たない疑問に苛まれるがままになってゆく。たとえば、イラン人とどうやって意思の疎通をはかればいいのか？　そのことを一度も心配したことがなかったかのように……。またあるいは、かろうじてドライバーには役に立つ程度の三百万分の一の地図が使い物になるのか？　大嫌いな国道を伝ってゆくしかないではないか、とはっと空恐ろしさがよぎる。さらなる懸念材料——トルコでのようにはイランの銀行との手筈を整えていないから、多額の現金を身につけて移動しなくてはならない。まったく私は無茶がすぎ、自分で自分をこっぴどく叱りつける。自分をほめてやりたいことはただひとつ、強行軍のおかげで、ビザ問題を解決できたことである。ビザは七月二十九日まで有効だが、私は十一日には国境に達し、二十日から二十五日のあいだにタブリーズに到着するだろう。そして、そこでビザを延長してもらえるだろう。トルコとの国境の後、どういう行程が可能か研究してみる。すべて順調にゆけば、一日平均三十キロ、週一日の休息日というペースで、テヘランには八月第一週の週末、遅くとも十五日には到着できるだろう。

ふたたび田園地帯へ

ズボンはそこらじゅう破けていた。洋服屋——かけねなしの名人——は、九カ所もつぎを当てなくてはならなかった。しかし、なんという出来栄え！　想像していただきたい、サバンナの黄土色から砂丘の金色がかったベージュまで、繊細きわまりない濃淡を描くアルルカンの衣装を、万が一にも西洋の高級服デザイナーの手に渡ったなら、絶対に真似したくなるデザインを！　創意あふれるトルコの小さな洋服屋万歳！　これで私は、せいぜいパリのセーヌ左岸のビストロで見せびらかすに足る程度の耐久性しか計算されていない、こうした「冒険家向き」ウェアなるものに悪態をついてやることができる。タブリーズで衣装一式を新調することはもう決めた。国境での手続きに備えて、証明書用写真とホテルでかならず要求されることになるパスポートのコピーを用意する。アールには寒気と雨、町は氷のように冷たい断続的なにわか雨に洗われる。この都市は面白味がなく、何度も試みたけれども、だれひとりおしゃべりの相手になってくれない。警戒心か無関心か？

というわけで、未練なくアールを後にする。国道百号線を続けるのはやめて、ふたたびクルドの田園地帯をめぐってみる決心である。昨日、私はこの地方の農民といくらかでも近づきになれないまま、トルコを離れるわけにはゆかないと考えた。パイヴェレンでの出来事は、不運のなせる仕業だ。ムフタルはみんな不在で、どこでも頭のおかしな弟が代りをしている、などと考えるのはやめるべきだ。これらの丸坊主の丘の向う、そこで私は以前にあれほどたくさん会ったような、温かく、気前のいい農民たちに出会えることだろう。災難で用心深くなった私は、出会いの喜びとホテルの与えてくれる安全とを同時に味わえるように、田園地帯をめぐり、私を村々に導いてくれるが、今晩高枕で寝るつもりの国道沿いの町からも離れずにすむコースを見つけてある。

自信にあふれ、ふたたび心晴れやかに、私は町を出てすぐ、この数日の雨でどろどろになった土の道につく。滑りやすい粘土質の土くれのなかを難儀しいしい歩く。この泥沼にタイヤをとられながらやってきたジャンダルマの車が停まる。士官がパスポートを見せろと言う。型どおりの質問。彼らは先を続け、私もそうする。最後の家々が視界から消えたころ、買物を持って町からもどる若い男に追いつく。私たちはあの忌まわしい分れ道に出る。右か左か？「左だ」と男は言うが、磁石ははっきり右だと告げる。だが、男が正しいのだろう、彼は知っているはずだ。一キロほど一緒に歩く。やがて道路は細道に変り、ついには山道となって牧草地のなかに消えてしまう。私は立ち止まる、なにかおかしい。

「これはエスキハルマンに行く道じゃない」

「そうだとも……ほら、あそこに家が見えるだろ、おれの家だ。茶をごちそうするよ」

「いや、けっこう。私はエスキハルマンに行くんだし、これはその道じゃない」

「このパン、買わないか、それともこっちの煙草？」

つまりこれだったのだ。彼がここまで私を引っ張ってきたのは、金をせしめる魂胆だったのである。私がまだ疑念を持っていたとしても、彼のつぎの質問がそれを吹き払った。

「あんたが持ってる金、マルクかい、それともドル？」

私はこのばか正直な質問をあざ笑ってやる。彼の家の戸口に、同じ年頃の不良が姿を現す。こちらの男が呼びかけ、自分のところに来るように言う。私はただちに回れ右をする。ここにいたら二対一、危険だ。男はついてこようとしないが、もう一人がしばらくのあいだ追いかけてくる。私は対決する覚悟で立ち止まる。相手は私の毅然とした態度や杖がだてではないと判断したにちがいない、用心して追跡をやめる。

私は分れ道にもどり、道を続ける。三、四キロ先に行くと、若者を二人乗せた車が停まる。

「ここでなにしてるんだい？　危険だよ。この先には『恐怖地帯』があるんだぞ」

運転手は自分の家で宿と食事を提供すると言ってくれ、車に乗るよう促す。だが、彼の村は私のコースから離れすぎている。しつこくされないように、彼の村に行ったら、顔を見に寄るよ、と言っておく。しばらくすると、今度はタクシーが停まる。運転手が降りて、こちらにやってくる。

「どこに行くんだい？　この先に道はないぞ」

私は地図の上で、自分がたどるつもりの道を示す。相手はこのへんの道を知らない。客たちが道を教えているのである。彼らは運転手をよこして私のことを尋ねさせ、もし私が同乗したいなら、タクシー代は自分たちが払うから心配するな、といっている。私は今度も断り、タクシーは遠ざかる。

ようやく静けさを、草原を、ゆるやかに波打つ丸坊主の丘のつらなりを味わうことができる。ぬかるみだらけの道が、丘のあいだをのたりくたりと続く。また分れ道だが、今度のは地図に載っており、私は真南に進路をとる。その地図にはすぐ先、一、二キロ行ったところに、東に向かい、私を国道に連れ戻してくれる道が出ている。しかし、いくら歩いても、いくら探しても、道らしい道はなく、穀物畑と羊の群が草を食う牧草地が広がるばかり。電力会社のジープに乗った四人の男が、そのとおり、道はないと言う。またしてもこの地図に裏切られた。地図の示すところでは、五キロほど行くと小さな村があり、そこから私の目的地に通ずる二級道路がある。長い回り道になるが、試してみよう。

またまたピンチ

馬に乗った若い羊の番人が、私に気づくなり、ギャロップでこちらに駆けてくると、よく通る声で「セラーム」と挨拶を投げてよこして私のそばを通り過ぎ、村に向かって突っ走る。さてさて、これで私はニュースになるぞ。実際、最初の家にかかると、もう子供の群が私のお伴についてくる。飴玉を買い直していなかったから、なにもやるものがない。バケツを手に牛小屋から出てきたうさんくさい男が、駆け寄ってくる。

「どこへ行く?」

「タシュルチャイ。地図によると、このへんに道があるはずだけど」

男は地図を見ようと手を伸ばし、それをつかむと、ちゃんと見もせずにポケットにしまいこむ。

「タシュルチャイまで一緒に行くよ」

「オーケー、でも地図を返してくれ」

「タシュルチャイに着いたらな……」

私はただちに警戒態勢に入る。町までは三十キロほどあり、この男が私と一緒に歩く楽しみのために、仕事を放り出して、そんなに遠くまで行くというのが解《げ》せない。地図を強奪されたことが不安をかきたてる。二十五歳くらい、小柄でがっちりした体型の落ち着きのない男は、あちこち穴だらけのセーターの下に長年着た切りとおぼしき格子縞のシャツという姿。片方の靴は寿命が尽きて、靴底が永遠におさらばしないよう、ロースト肉のように紐で縛ってある。

地図を返してくれと何度も頼むが、むだに終る。

男についてゆくほか選択の余地はないが、そうすれば彼が私のなにを狙っているのかもわかるだろう。後ろについてくる子供たちが、にやにや笑っている。子供らはすでに、なにが起きようとしているのか知っている。男はしきりに身振りをしながら、家と家のあいだに私を導き、草原のほうに連れてゆく。道らしきものはどこにもなく、平坦な風景のなかに地割れのようなものが走っていて、その底に幾本か丈の低い木が生えている。私はぴたりと足を止める。

「どこです、その道は?」

「あっちの先のほうだ……」男は地平線をなす牧草地の果てを指す。と思ったら、彼は石ころを拾い、とっとと失せろ、と怒鳴りながら子供たちに投げつける。そして、私のザックになにが入っているか聞いてくる。男が私を溝のなかに引き込み、人目のないところで身ぐるみ剝ごうとしていることがはっきりした。子供らは石を避けるために距離を保つが、立ち去ろうとはしない。彼らは見世物を見逃すまいとしているのだし、ひょっとしたら、分捕り品のおこぼれを頂戴できると期待しているのかもしれない。

しつこく先を続けようとする男を相手にせず、私は村のほうにもどる。目撃者がいるかぎり、男は実行に及ばないことがわかっている。ますますそわそわとしてきた男は、私の袖をつかんで引き止めようとし、道はあっちだと言い張る……。女たちが戸口に出てきた。この見世物を面白がり、たぶんソワソワが、こう私は男に名前をつけたのだが、どうやってこの旅の者の身を剝ぐのかと思っているのだろう。道路のほうに戻りながら、これはもう習い性になってしまったが、自分に向ってこっぴどく毒づく。ほら見ろ、また網にかかってしまった。しかも、警告を受けていなかったとはいえないのだ。今朝から、予兆が積み重なっていた。私はまんまと罠にはまってしまった。ここには「村長の家」はなく、ただ十軒ほどの、家というより掘立て小屋といったほうがいいような、みすぼらしいあばら家が、大地のひだのなかに身をすぼめているばかりだ。

急いで解決策を見つけなければならない。出発点のアールのほうにもどろうとすれば、まさにいま好き放題に追い剝ぎのできる隔離された場所を探しているこの悪党に、今朝通った人けのないところで、絶好の場所を提供することになる。村人の目があるところにいるかぎり、私はほぼ安全である。たしか地図では、二つの小さな集落がすぐ近くにあった。私は南に向かう短い坂道を登る。坂の上から、二キロほどのところに集落が見える。ただちにそこに行くことに決める。そこはもっとひどいところかもしれないが、インシャッラー！　私の旅の続きは北に向かうはずなのだから、これではまるで方角があべこべで、まったく泣きっ面に蜂である。だが、緊急課題は、この男が突きつける危険から逃れることだ。こうして私は決然と歩み出し、男は私の後をぴったりとついてくる。私が村を出たのは、もうひとつ頭に浮んだ考えに従ったからでもある。男が力くらべに出たとしても、少なくとも私には助かる可能性がある。あそこに留まれば、子供たちと女たちの振舞いから明らかなように、村人同士のつながりが男に味方するだろう。私の相手は男が一人ではなく、十人になってしまう。

敵か、味方か？

今日はどう見ても吉日とはいえない。最後の家から百メートル歩いたかと思うと、ひとりの少年が走ってわれわれに追いついてくる。味方か敵か？　十七、八歳だろう。明るい顔をして、親しげな笑みを浮べて私に挨拶する。正直そうな美しい眼がとくに印象的で、そこからはなんにせよ卑劣な振舞いは生れようがないと確信できる。少年と男はクルド語で話をするが、ソワソワが少年を味方につけようと説得に努めていることはわかる。一方、相手は男をなだめようとしているようである。声を張り上げることなく、穏やかな口調で話しかけている。私のそばを歩いていたソワソワは、戦法を変えて、いきなり私のポケットに手を突っ込む。私はその手を押しとどめ、男を勢いよく道の反対側に突き飛ばす。身内にアドレナリンが奔出し、怒り心頭に発した私は、いまにも男に飛びかかろうとする。攻撃を恐れたソワソワは、近づこうとしない。そのとき少年が、額に人差指をあてて、「こいつは頭がおかしい」と私に伝える。まったく私は村のたわけ者を呼び集めているらしい。

戦うのはやめておき、道を続ける。私の気迫を前にして少しおとなしくなったソワソワは、少年のそばに行った。彼はポケットから地図を取り出し、自慢そうに見せびらかす。地図というものを一度も見たことがない粗野な農民たちにとって、このわけのわからない品物はなにか魔法のような力を持っている、そう気づく機会が私には何度もあった。私にはそれは実用的な価値しかないものだが、彼らにとっては自分たちにも理解可能な書物なのである。文字の読めない人でも、地図なら村々や近くの町々を視覚的に捉えることによって解読できるからだ。私はわが泥棒君に近づいた。分捕り品をためつすがめつするのに没頭するあまり、彼は用心していない。ひょいと素速い動きで私はその手から地図を取り上げる。彼の眼に怒りのほむらが燃え上がる。今度こそ、取っ組み合いだ。いや、そうはならない。ちょうど折よく、さっき見かけた若き騎士が全速力で私たちのところにやってきたからだ。美しい連銭《れんぜん》芦毛《あしげ》に裸馬のまま乗った偉丈夫である。ソワソワは彼にクルド語で話しかける。私はこの隙を利用して、地図をポケットにしまう。そして、またあの問いを自分に向ける。こいつは味方なのか、敵なのか？　ああ残念、すぐに答がわかる。彼はソワソワとしか話をせず、正直眼のことは無視している。彼が最初にかけてきた言葉からして、事情が呑み込める。

「あんたのザック、重そうだな、馬にのっけてやるよ」

こいつら、ほんとうに私のことを馬鹿者扱いしている。それにしても、私の立場としては騎士の登場は都合が悪い。私が肉体的に絶好調にあることを考えれば、ソワソワから逃れられる見込みはあった。カンガルのように（！）杖で距離を取りながら、いまの私に可能な全速力で歩けば、相手は若いとはいえ、私のように鍛錬を積んではいないから、じきにへたばらせることができただろう。だが、若き偉丈夫の加勢があるからには、私はこの計略に別れを告げるしかない。

この間にも私は前進し、われわれはいま二つの集落の中間地点にいる。私は気が張りつめ、緊張しきって、アドレナリンが大量に分泌されたため、ほとんど走るように進んでいる。怖くはない。ただ怒り狂っている。まず自分自身に対して、つぎに、どこの村にも私の持物を強奪しようとする輩がいるようにしているこの地の文化に対して。騎士はかなり乱暴に正直眼に言葉をかける。彼を村に追い返そうとしているのは疑いない。ただ一人の味方がいなくなるのを放っておくわけにはゆかない。私は彼に近寄り、肩に手をかけて、「アルカダシュ」（友達）と言う。彼はほほえみを返すが、見るからに不安げである。この事件の後では、二人の顔役が彼に辛く当たるにちがいないからだ。

ソワソワは新たな戦術を模索しつづける。彼は激しい頭痛に襲われたふりをして、いますぐ痛みを和らげるものが必要だという口実のもとに、私のリュックサックのポケットを開けようとする。そのすぐ後、彼は私をゆっくりと馬のほうに押し、騎士はたぶん私に襲いかかるつもりで近寄ってくる。私は逃げる。荷車を引いたトラクターがこちらにやってきて、私らが後にした村に向かっている。もしそれがもっと先まで行くなら、私は助かる。運転している男は人のよさそうな顔をしている。私は手を上げ、彼は二十メートルほど行き過ぎたところで停まる。私は彼のもとに走るが、荷車にほとんど手を触れそうになったとき、再発進してしまう。二人の与太者が私の背後で、そいつを拾うな、と合図したにちがいない。失敗だ。それで、もうそれほど遠くないつぎの村に向かって歩き出す。悪賢さでまさる騎士のほうは、もし私がその集落まで行き着いたら、逃げられるかもしれないと気がつく。彼は策略を試しにかかる。

「あの村は、みんなテロリストだ。そこを通るあいだおれたちが護ってやるよ。それから正しい道まで連れてってやろう」

正しい道、それはそこ、私の左手にある。しかし、こんな護衛隊を引き連れてその道を行き、そのまま田園地帯に足を踏み込むのは自殺的だ。私はオーケーと言っておく。彼らを安心させ、警戒をゆるめさせなければいけない。

二軒目のあばら屋の前で、あまりやる気もなさそうに小さな畑を鋤き返していた男が、私たちが来たのをいいことに休憩に入り、こちらを眺める。私はいきなりその男のもとに行き、ムフタルの家はどこか尋ねる。

彼は自分の家に沿って西に向かう道のほうに首をひねり、腕を上げかけるが、突然中断する。私の後ろにいるソワソワが、なにも言うなと合図したにちがいない。それで、彼はなにも言わないが、私にはその身振りだけで十分だった。私は西に行く通りに入り込む。うまくいったとわかる。三人のあんちゃんは数歩追いかけただけで立ち止まり、私が遠ざかるのを見ている。百メートル先で、手をつないでいる野育ちの少女ふたりに同じ質問をする。女の子たちはぷっと吹き出し、すぐそこの鉄の門扉に閉ざされた塀の向うの家を教えてくれる。遠くであんちゃんたちはじっとしている。私が門をたたくと、彼らは回れ右をして離れてゆく。私はほっと胸をなでおろした。もし彼らがムフタルを味方になってくれるような人だと思ったら、逃げ出しはしなかったろう。したがって、私はまともな人々のあいだに戻れる見込みがあるのである。

女たちの家

庭でベールをかぶった若い女がせっせと洗濯している。二十歳くらいで、目がきらきら輝いている。ムフタルは留守にしているが、私は中に入れてもらえる。

この人たちにどう言ったらいいだろう？　大きな部屋に面したベランダに通ずる階段を一段一段のぼりながら、説明のしかたをいろいろ考える。もめごとを引き起こしたり、ソワソワと騎士のことを訴えたりはしたくない。結局、なにも起きなかったのだし、私の訴えなど彼らが頭から否定すれば、それでおしまいだ。これほど近くにある二つの村の関係は良好なはずだし、いさかいが起きたら、外国人は恰好のスケープゴートでしかない。それにしても、絶対にこのまま南に行くわけにはゆかない。それは私のルートではない。ところが、もしまた北を目指せば、ふたたびソワソワの村を通らなくてはならない。ということは、できるだけ早くアールにもどり、大きな危険を避けるために、今度こそ味気ない国道百号線を行くしかないわけである。

こういう家の常として、客間、待合室、立寄り所、寄合い所のすべてを兼ねるだだっぴろい部屋で、十人ほどの女とやはりそれくらいの子供たちがクッションに坐り、ぺちゃくちゃ声を空気に充満させている。「女には絶対に話しかけないように」と私はパリのクルド人に忠告を受けている。だが、いまの場合、男はひとりも姿が見えないのだから、どうしたらそうせずにすむだろう？　かなり大柄で肉づきのいい女が前に進み出る。ムフタルの妻である。

「道に迷ったんです。アールにもどりたいんですが、疲れすぎてしまいました。タクシーを呼んでもらえますか？」

「いいですとも」と彼女は言い、ザックを下ろすように勧め、茶はどうかと聞く。

私はなんでもオーケー、どんなものでもいただきたい、ただ追い剝ぎに付き添われて村の外に追い返されるのでさえなければ。子供が電話をいじくり回し、私のほうを向いてひょうきんな身振りをしてみせる。電話がつながらないよ、発信音が聞えないんだ。かまわない、つながるまで待とう。一同が私を取り囲み、女たちにせがまれて冒険旅行譚をする。ゆっくり時間をかけ、話に尾鰭もつける。けれども、今朝の二件の騙《かた》りには触れないことにする。丸々とした女がすっかり興に乗って、夫が責任者を務めるこの小宇宙の暮しぶりを説明しにかかる。彼女の説明はほとんど理解できなかったが、夫たちの大半がドイツで働いていて、年に一度帰ってくるということはわかった。

だんだんと、この居心地よい女の館で、私はくつろぎを覚える。人が幼少の一時期、満ち足りた気分を味わう、あの温かく心の安らぐ雰囲気を思い出す。それは自ら禁ずるのでさえなければ、大人になってから浸っても、これほど力づけられるものなのだ。時はゆっくりと流れ、電話は無言のまま、すべてが保留状態にあるかのようだ。茶飲み話もそろそろお開きというころ、ようやく電話に発信音がもどり、外の世界がふたたび存在を主張する。私のために電話の内容をトルコ語に訳してくれる。大丈夫、車が来ますよ、時間がかかりますけど。私は急いではいない。威厳と実直さを感じさせる三十歳くらいの若い男が座に加わる。この家の息子、セラハッティン・アクバリクである。旅の話をしてくれと言い、パリのことをなんでもかんでも知りたがる。いつでもてきぱきとした女たちは、その間に食事の用意をする。私は思い切って、その場にいる女たち全員の写真を撮ろうと提案する。断られるのではないか、少なくとも何人かはいやがるのではないかと予想していたけれど、女たちは全員が賛成で、私はまんまと一杯食わされてしまった。どう見ても、ドウテペの女たちは、トルコでは都会の女にしか見かけなかった自由を手にしている。教訓――男の留守に女は羽を伸ばす。

セラハッティンと私は、丸々した女とその娘たちにかしずかれて――男が二人居合せただけで、また従属関係ができてしまう……――とりどりの野菜料理からなる食事をとり、私は十二分に堪能する。カラメル色になるまで炒めた玉葱入りの米のピラフ、これ以上ないほど滋味豊かな茄子、そしてだれもが舌つづみを打つあのヨーグルト……。口のなかでとろけるやさしい食べ物、子供のころを思い出させる食べ物。そう、ほんとうに、女たちは魔術師だ。

すっかり腹がくちくなると、セラハッティンは一緒に部屋を出るようにと言う。今度は女たちが食べる番で、私たちはその食事の場にいてはいけないからである。私は彼の後についてベランダに出て、喫煙室でそうするように、おしゃべりの続きをする。

「二回目のサービス」が終ると、セラハッティンの妹のひとりが来て、兄にクルド語でなにごとか頼み、彼が通訳してくれる。女たちがもう一度写真を撮ってもらいたがっている。それで喜んでもらえるとは、私もうれしいかぎりだ。女たちは大真面目な顔で、一枚目の写真のときに割り振られた位置のとおりに並ぶ。この配列は彼女らのあいだの序列にしたがっているのか、年齢順なのか、あるいはたんに仲のよいもの同士で並んでいるだけなのか？　私はさっき、並ぶ順番が大きな意味を持っているらしいことに気がつき、それがまたたくまにやってのけられることに感心した。そのようすは、遠足に行った寄宿生の女の子たちの一団を思わせた。集合の合図がかかると、少女らはまた列をつくり、ひよこのようにびくびくしながら、だまって命令に従う。このカメラというものが、いかに敢然と立ち向かっているにしろ、彼女らにとっては、なんらかの魔術と手を結んだ妖しい箱であることに変りはないのである。そして、だれもが知るとおり、悪魔がそばにいるときは、おとなしく言うことを聞き、小さくなっていたほうがよい。

村めぐり断念

十七時ごろ、ムフタルとその義弟が私を迎えにきた。彼らがアールまでのタクシーをやってくれるのだ。条件は、ガソリンがとても高いので、私がガソリン代を払うということである。町に着いてから満タンにすると、ふたりは心から礼を言ってくれるのだが、私のほうこそ、意地っ張りの自分がはまりこんだあのさんざんの窮地から救い出してくれたことを、いくら感謝してもしきれない思いである。

こうして出発点に舞い戻り、今度こそ、村めぐりは二度とすまいという決心がついた。明日は、この千六百キロのあいだ疎んじてきた国道百号線とついに仲直りし、私をイランへと導く最後の区間にとりかかろう。

高地の憂鬱 XII

出発したくない！

今日七月九日金曜日、私の泊る高級ホテルの玄関先で、バスが国境の町ドゥバヤズトに行く客を乗せている。一瞬、自分も乗りたいという衝動に駆られる。昨日あやうく餌食になるところだった追い剝ぎのことが、言いようのないほどのショックだった。事実そのものよりも、そのために抱かざるをえなくなった不信の気分や警戒心むきだしの態度が、私の落胆と失望の原因なのである。すべてを投げ出したい気がする。陰鬱な思いをこねまわしながら、私は落ち込みと怒りのあいだを行ったり来たりする。とにかく、出発したくないのだ。国道に向って歩くが、勇気が出ない。ロカンタに入り、ホテルでしっかり朝食を食べたばかりなのに、熱々のチョルバを頼み、そのなかにパンを半分ちぎって浸す。父はそれを「石工のスープ」と呼んでいた。それはスプーンがまっすぐ立つくらい、どろっとしていなくてはいけない。そうなるように、私は作業に没頭する。朝、学校に行く前の怠け坊主のように、ぐずぐずしていられるためなら、なんでもしかねない気がする。食堂を出るときの私は最悪の気分である。バスに乗りたいという誘惑は、バスとともに去っていった。日は昇ったばかりである。幸せな自動車の持主たちが、ほとんど毎日そうするように、車を洗っている。私は、ここでは水はとても貴重なのだから、節約したらよかろうに、と思う。車を洗う時間を減らし、便所を掃除するのにもう少し時間をかけたら、車の見てくれは悪くなるかもしれないが、衛生状態はよくなるだろうに。先に行くと、またひとつ兵舎があり、戦車に使われる金をクルド人の子供のための農業学校建設にまわしたら、子供らは父親の銃より鉛筆を持ちたくなるだろうに、と思わせられる。

この世のすべてが恨めしい。天気は私の精神状態そのままだ。前日の雨が地面をどろどろにしている。間の悪いことに、なぜか左の脚とくるぶしに痛みが現れ、歩行の妨げとなる。がっくりうなだれて、風景などおかまいなしに前に進むあいだ、目の前には昨日の光景がつぎつぎに甦り、馬に乗った男と靴を紐でぐるぐる巻きにした男の姿がつきまとって離れない。イラン横断にまつわる不安がそこに加わり、自分を待ち受けるありとあらゆる厄介事をあれこれ思いわずらう。トルコよりさらに貧しいあの国で、事情が一変するわけがあろうか？　湿地帯の蚊の大群や砂漠の乾燥のなかでの渇きが私を待ちかまえている。あちらでもまた、私は大富豪、火星人、あるいはテロリストと思われるのだろうか？　私はアスファルトに目を落したまま、このいかれぽんちの顔を見るためや、身振りで乗せてやるぞと知らせるためにクラクションを鳴らすトラックにちらと目をやることもしない。

私はここでなにをやっているんだろう？　世界には、ヨーロッパやアメリカ、アルプスやロッキー山脈には、ここと同じくらい美しい夢の場所、歩くことが純粋な幸福であるような場所がある。一歩ごとに身の危険を冒さずとも辿れる伝説的な道がほかにある。自分がおなじように検討した他のコースを選ばなかったことに、かすかな後悔がわいてくる。たとえば、インカ道をたどってのアメリカ大陸縦断、あるいはサンタフェ街道を通って伝説的な西部に向かうアメリカ開拓者の長い歩き。どうして生命が危険にさらされるこの国を選んだのか？　無事に終えられる見通しがしだいに薄れつつあるとしたら、この旅になんの意味があるのか？　結局のところ、私にはここにいる義務など全然ないのである。私がこの旅行に身を投じたのは、儲け心からでもなく、競争心からでもない。私は年金で安楽に暮らせるし、明日家に帰ったとしても、石を投げる人はいないだろうし、私がアナトリアで死ぬことを望まなかったからといって非難する人もいない。私はわき道に入り込むことが何度もあったが、そういうときにしばしばはっきりと頭にあったのは、私が道に迷ってうろうろするのは自分をよりよく知るため、自分自身と力くらべするためだということだった。出発前にジョゼは、私の計画はひと言でいえば、「自分との一騎打」という標語にまとめられると言ったが、これはその冗談を地で行っただけだろうか？　だが、ばかげた賭けというものはある。二週間前からのこの旅は、そのひとつではないのか？　それに、見知らぬ世界に迷い込むという見通しはむしろ歓迎するけれど、エルズルムからこっち、こんなに大勢のイカレた悪党とおつきあいするのはもううんざりだ。

歩き、道、巡礼

しばらくすると、歩きが、このすばらしい歩きが、いつもの奇跡を起こしてくれる。筋肉が暖まるにつれて、あふれ出ていた憂鬱は涸れてゆき、怒りは縮こまってゆく。二時間歩いたところで振り返ると、アールの町の屋根が朝日を浴びて輝いているのが見える。右手の直線距離で五、六キロのところに、昨日、二人の追い剝ぎに囲まれて、あれほどいやな目にあったベジルハネ村が見える。ここから見ると、それほど恐ろしくは見えない。ちょっと楽観的に考えれば、結局、この旅全体はそんなに暗いものではないのだ。私は窃盗未遂に三回遭ったけれども、幸運の星のおかげで、その三回とも危機から逃れられた。パイヴェレンとベジルハネで一日ずつむだにした。だからどうだというのか？　私はそんなに急いでいない。そのうえ、自分で決めていた進行計画より二週間ほども先んじているのだから、時間はたっぷりある。肉体的には絶好調にあり、今朝、左脚に現れた痛みも、しばらく歩くと消えてしまった。たしかに昨日は丸裸にされそうになったが、この上ない特権というべきことに、私を母親のようにやさしく遇してくれたクルドの女たちと何時間かおしゃべりすることもできた。こんな経験ができた人がいるだろうか？　クルディスタンのすべての村が、ベジルハネやパイヴェレンであるわけではないのである。

私がここに来てよかったのか、そして目的地に辿り着ける見込みはあるのかという問題については、コンポステラへの道でモニクが私に答えて言ったことを思い出す。私とちがって、宗教的な理由から巡礼をしていた女性である。「あなたには私より歩くにふさわしい理由がある」と私は言った。「だって、聖ヤコブの墓に手を触れるのは、あなたにとって意味のある目的だものね。信者でない私には、コンポステラの大聖堂は目的地じゃないんだよ」「――でも、コンポステラという目的は私にはそんなに大事なことじゃなくて、あなたとほとんど変らないくらいよ」と彼女は答えた。「私たちみんなにとって大事なのは、目的地じゃなくて道なのよ」

道……。私がいま辿っている道よりも伝説と神話にみちた道があるだろうか？　世界のどこに、二千年以上にわたって、アナトリアのこの険しい細道を私に先立って歩いた人々すべてと、これほど一体になれる場所があるだろう？　彼らの道は私の道であり、彼らが冒した危険もまた私のものである。

少しずつ上機嫌がもどってきて、トラックが、つぎに乗用車が、私を拾ってくれようとして停まったときには、以前のように冗談まじりに誘いを断る。やはり少しずつ、私の目はアスファルトを離れ、やわらかく、ふんわりした毛足の長い絨毯のように、丘から丘をぴったりとおおい、日を浴びて見渡すかぎりにその淡い緑を輝かせている丈の低い草の上を走り回る。アールはとっくに見えなくなっている。夢がもどってきた。

私は、惜しみなく時間やスープや、ときには寝床を提供してくれたトルコ人とクルド人みんなのことを振り返る。そうした友愛にみちた振舞いを思い出すと、心臓の鼓動が少し速くなるのだが、それは歩いているせいではない。たしかに出発以来、暗い日も体験したが、それはもうじき離れることになるこのトルコの美しく明るい時間にくらべれば、ほんとうにささいなものだ。哲学者セリム。バッカルのムスタファ。学生のヒクメット。もてなし役のシュクラン。老知識人のベヒチェト。農民のアリフ。そして、そのほかのみんな、あなたがたは私の友人だ。たぐいまれな友人だ。一日の友情、けれども時がそれをゆるぎないものにしたかのように、強く、確固とした友情。私は以前はまったく知らなかった、友情や愛情は時間の問題ではなく、ひそやかな錬金術の賜物であり、永遠もまた、長さの問題ではないということを。人はみな、巡礼から別人になって帰るといわれる。クルドとトルコのわが友よ、友愛の巡礼たる私は、あなたがたのほほえみと、あなたがたの別れの抱擁を胸の底に抱いて家に帰るよ。

世界一周の自転車乗り

歩きながら、パンとチーズで昼食をとるあいだにも、ゆるやかに波打つ丘の上にこれらの偶然の友の顔が浮ぶ。小さな峠を越えにかかると、よく響く「ハロー」のひと声で夢から引き戻された。自転車乗りが音もなく近づき、いまそこに停まったのだ。自転車はバッグの下に隠れ、荷台は弾力のある血入りのソーセージみたいなスペアタイヤで飾られている。まだ二十歳そこそこの男が、笑みを浮べてこちらを見ている。金髪で背が高く、スポーツマンタイプだ。丸い眼鏡をかけているのが、ゴルフ帽で日射しからまもられた、にこやかな眼に知的な感じを与えている。貧乏旅行中の若者らしい顔と腕、それに自転車用のぴっちりしたパンツから伸びた脚も、焦げたパンの色をしている。その笑い声が峠の隘路に明るく響き渡る。何時間も保っていたにちがいない姿勢のために体の硬直した彼が、苦労しいしい自転車から降りるあいだに、私はそばに行った。

彼の名前はトラルフ・ベンツ。ベルリンを出発し、メルボルンに行って、オリンピックを見る予定の若きドイツ人である。家族に不幸があって、一週間かけてドイツと往復することを余儀なくされた。エルズルムまでは友達と一緒に旅していたが、それは私がキョプリュキョイの橋のたもとにいたとき見かけた男である。ふたりはイランのイスファハーン、絨毯と百三十の宮殿の都市で落ち合うことになっている。彼は英語が非常にうまい。私たちは、たぶんふたりともずっと前からためこんでいた言葉のありったけを滔々とまくしたてながら、肩を並べて歩く。トラルフは世界一周をしてヨーロッパに帰るつもりだが、北アメリカを通るか、南アメリカを通るか、まだ決めていない。それを考えるだけの時間は、太平洋の岸辺に到達するまでにたっぷりとある。英語を別にすれば、自分の通る国々の言葉を知らず、彼の語彙はだいたい数語にかぎられる。ときどき運よく以前ドイツで働いていたトルコ人やクルド人に出会うことがあり、そういう人たちとは話ができる。

十五時ごろ、タシュルチャイという小さな町に到着。私はここで泊り、トラルフは道を続ける。私たちはまだ語り合いたいことがあったので、私は彼を昼食に招待する。町の中心部は国道から離れている。そこまで行くと、食堂の主人がすばらしい出来のタス・ケバブを出してくれ、私たちは旅の経験を交換する。この若きスポーツマンの目的は、なによりも世界一周という快挙を成し遂げることにあるようだ。私はこういう若者たちをずいぶん無鉄砲だなと思う。しかし、私も似たようなものではないか？

時間が経ち、トラルフはまた出発しなくてはならない。彼は今日中にドウバヤズトまで、少なくともできるかぎりその近くまで行こうと考えている。私は彼の住所を控える。彼の「地球一周」がどんな結末を迎えるか知りたいのと、自転車の横に得意げな笑みを浮べ、もったいぶって立つ彼を写した写真を両親に送ると約束したからである。

別れのときがきて、私たちは英語の練習がしたいからというので仲間入りしてきたトルコ人の若者の前で、道中の無事を祈り合う。タシュルチャイにホテルはない。また民家に宿を乞わなければいけないわけだ。英語好きの若者に考えがある。彼はついてきてと言い、私を引っ張っていったその先は……ジャンダルマのところである。若者が私を引き合せてくれた将校が、彼にクルド語でどうすればよいか説明する。こういうわけで、私はこの地域の長、フランスでいえば知事に当たる人の執務室に来てしまった。

知事の命令

イスマイルは優秀で山のように仕事をかかえた青年だが、わざわざ時間をさいて私に旅物語をさせる。彼の部下たちは、見るからに彼に敬服し、尊敬している。彼はまた、この国ではあらゆる行政職がもつ権限を有している。トルコの中央権力を体してクルディスタンの一地域を治めるというのは、高度に政治的でリスクをともなうポストだから、それも当然である。ＰＫＫがクルドの村にトルコ語を教えにきた小学校教師までふくめて、アンカラ政府を体現するものことごとくを攻撃目標にしていることを知っていれば、革命党の戦士がこの建物をこっぱみじんにするのを夢見ていることも理解できるのだ。

どこでもそうしているように、私は年金暮しの元小学校教師だと言う。イスマイルが命令を与えると、私はいとも簡単に、教員用のとても清潔で、最近建てられたばかりのホテルのようなところに部屋をもらえる。ジャンダルマとイスマイルの役所と小学校教師用の宿舎は、すぐ近くにある。それは偶然ではない。安全にはつねに気を配らねばならず、テロの恐怖はいたるところに広がっているからだ。いまはウィークエンドで、ここには数えるほどの教師しかいない。私は明るい部屋と共同シャワーを使える。夜になって、建物の一階にあるレストランに夕食に行くと、数人の部下たちとそこにいたイスマイルが、挨拶をかけてきて、私が万事順調か確かめる。彼はここでも命令を下したにちがいない。給仕は私の食事代を受け取ろうとしないのだ。娯楽室で、宵は楽しくふける。チェスやスティラやトランプをする人たち。といっても、大部分の人は、この国好みの暇つぶしにふけっている——いつ果てるともしれないおしゃべり。

英語のうまいイスマイルの部下が、クルドの地下に金が眠っているというのは本当だが、どういうわけか中央政府はその採掘を認めないと言う。その人の話で、私がすでに知っていることも再確認できる。PKKの強硬派は自分たちの指導者の処刑に賛成だということである。なぜなら、彼らの指導者が配下のゲリラに武器を棄てるよう呼びかけたため、組織はハト派とタカ派に分裂してしまったからである。タカ派は武装闘争を中止することを拒否しているのだ。私たちは、つぎの点で意見が一致する。すなわち、オジャランを処刑するのは政治的な誤りとなるだろう、なぜなら、それはただちに交渉による解決の支持者たちから希望を奪うという結果を生み、強硬派と穏健派とを問わず、ふたたび革命党員たちを結束させることになるだろう。

クルド問題について、お決まりの喉元に指という仕種で議論が閉じられることなく、トルコ人と冷静な会話ができたのは、これがはじめてである。ここ数日、クルド人を相手に何度かオジャラン問題を持ち出してみたが、その反応には驚かされたものだ。老いも若きも、男も女も、口をそろえて言うことがある。ＰＫＫの暴力には賛成できないというのだ。私は世間知らずではない、もし彼らがＰＫＫのメンバーであったら、それを私に明かすわけはないが、党の方針を非難するはずもない。しかし一方では、だれもが、一人の例外もなく、オジャランに対する支持をはっきり表明するのだった。「われわれの大統領さ」というのが、彼らの口からいちばんよく聞かれた言葉である。

オジャラン問題はこの国の政界を悩ませつづけている。トルコの軍とトルコ人市民は、その圧倒的多数が彼の死を要求している。しかし、クルド人はそろってアポに一体感を抱いてきた。そのうえ、山村における軍とジャンダルマによるいくつかの残虐行為が西洋の世論に衝撃を与えたため、ヨーロッパ諸国はトルコ当局に対してクルド人との紛争を沈静化させるよう手を打つことを求めている。したがって、オジャランの死刑を執行すれば、トルコ人と軍には満足を与えるだろうが、クルディスタンには混乱を引き起こし、トルコに対してヨーロッパの門戸が閉ざされることになるだろう。アンカラの政治家たちは、ときには彼を捕えたことを後悔することがあるにちがいない。

イスマイルの部下との会話は、地元経済を発展させるという明白な緊急課題をめぐって長々と交わされた。彼はすでに鱒の養殖のように、実際の取り組みが始まっていると言う。鱒、大変結構。しかし、私の考えでは、急務とされるべきは農業の近代化である。困難な仕事だ。軍はむしろ高地の村を無人化しようと躍起になっているからである。軍の目的は、よく知られた言い回しを使えば、テロリストが水を得た魚のようになれるテリトリーをより効率的に掌握することである。だからといって鱒とは……。

いま私のそばにいるような見識のある人々でさえも、何世紀も続く伝統が重くのしかかっているのだということを思い出させる逸話がある。私はこの旅を始めてまもなく、ネヴザットの家で宿泊代を払おうとしたことがあり、娘のシュクランがわれわれが話をしているところに突然入ってきたのだが、このときの話を人に語って聞かせることがある。シュクランは私が札を手にしているのを見つけると、怒りに顔を染めて、父親にこう問いただしたものだ。「まさかお金をもらったんじゃないでしょうね?」だれもが心の底から笑う。あんまりげらげら笑うので、私は自分がなにかをつかみそこねていることに気づく。この話がどうしてそんなにおかしいのか尋ねてみる。「だってその男は女に小言を食らって平気でいるからさ」というのがたいていの答である。

もっとはっきり言えば、彼らが言いたいのは、この男は「金玉の小さいやつ」だということだ。つまり彼らにしてみれば、男はあらゆる権利を有し、客人からけっして金を受け取ってはならぬというタブーを破る権利さえ持っているというわけである。妻も娘も、たとえそれが禁じられたことであっても、男のすることは黙って受け入れなくてはならない。というわけで、女は男のことをとやかく言う必要はない。反対に、男には女を支配し、反駁し、裁く権利がある。

私はここでもよそでも、われわれのもとでは特別の客だけに限られるような諸手を挙げての歓迎を受けてきた。もうじき離れることになるこのトルコという国は、その言葉のなかでも格別に美しい語のひとつ、「ミサーフィル」の意味を私に教えてくれた。フランス語でも、それに当たる「オート」という言葉とその周りに暈《かさ》のように浮ぶ曖昧さが私は好きだ。それは人を迎え入れる名誉を持つ者のことか、あるいは迎え入れられる喜びを持つ者のことか? 接待の成否は、もてなしにかかわるこの両人にかかっていることを、この言葉以上、見事に言い表すことができようか？　しかし、私は世界のあちこちを回ったけれども、自分の家に他人を迎えるさいのこれほどの熱烈さ、これほどの飾り気のなさにはトルコ以外ではお目にかかった覚えがない。村では、接待する人の誇りがほかの住民たちにも共有されることに、いつもながら驚かされた。われわれのような「文明化した」国々では、もてなしという観念がしだいに忘れられたり、歪められたりしてきた。われわれは親戚や友人という狭い範囲の人々をもてなす。その他の人については、それ専用の家、すなわち世界共通で個性のないホテルというものがある。テキサス州人、フランス人、あるいは日本人の旅行者は、ニューヨークでもブエノスアイレスでもバンコクでも「わが家」の居心地を求める。自分の家でもてなす人々は、ごく親しい人たちでなければ、たいていは「礼儀の応酬」（私はきみにもてなし一回分の「借り」がある）の枠内でか、「週末はうちに来てくださいよ、例の件をまた話しましょう」というような計算ずくの利益のためである。見返りや利益を期待せず、無条件にドアを開け放つことは、繁栄以前の時代の、いまではまれな遺習にすぎない。発見、交流、会話の喜びのために開かれたテーブルは、われわれのもとでもまだ可能だろうか？　コンポステラへの長い道を歩いていたときに、フランス人やスペイン人の家庭でそうした心の温かさに出会っていなかったとしたら、私は懐疑的だったろう。だが、われわれのもとでは、それはやはり例外的であるのに対し、ここトルコでは、それが文化である。

だからこそ、パリで会ったクルド人の闘士は、いまもなお先祖代々の伝統の守り手である村長の家で宿を乞うようにと私にすすめたのである。その伝統に背けば、村長の面目は丸つぶれとなるだろう。

天幕から団地まで

目が覚めると、朝日が差しはじめている。イラン国境手前の最後の町、ドウバヤズトまでの道は遠い。六十キロ以上あり、そんなに長い距離を踏破するという、このあいだやってのけた偉業をまたやる気は毛頭ない。すでに二度あったように、乗用車かトラックを拾って、今日は先へ、明日は逆方向へと乗せてもらうことになるかもしれないが、できるだけ先まで歩いておくようにしようとは思う。そこで、さっさと起きて、ザックの口を締めるが……出発できない。安全第一、すべての出口に錠がかかっている。こっそり建物のなかを回り、出口を探すが、見つからない。客室は二階にある。階段へは、手前の扉が閉まっているので出られない。それに、通りに出るドアも閉まっているのは間違いないだろう。しばらく待つが、だれも起きてこない。一時間以上探しつづけて、やっと建物の裏手にある非常階段を発見する。そこには狭い通り口から出るようになっている。ザックを通すのが大変で、私は四苦八苦する。うまくゆきそうになったとき、昨日ここに泊るときに世話を焼いてくれた男が扉を開けてくれる。私たちは朝食に行く。おしゃべりもする。出発したときには、もう八時半、貴重な三時間、速足で気持よく歩ける気温の時間を失ったため、長い道のりをかたづけようという私の目論見は水泡に帰した。いたしかたなく囚われの身となってエネルギーの一部が削り取られてしまったことだし、このさいのんびり歩くことにする。昨日、教師のひとりがディヤディンという小さな温泉町にホテルがあると言っていたから、そこで泊ることにしたい。

風景はほとんど変化しない。どこまでも草原が続き、遠くまで見晴らしのきくところでは、雲の投げる大きな影が山の峰を駆け登ってゆく。時折、いくつか家が見え、ここにも人がいることを思い出させる。息子と一緒に野良仕事をしていた農夫が、遠くに見える村にはかつて教会があった、アルメニア人が住んでいたからだ、と教えてくれる。彼らが去ってから、その建物は荒廃に帰した。こうした教会は、十五世紀、オスマン帝国によってイスタンブルが征服されたときにハギア・ソフィアがそうなったように、モスクに造り替えられることもあった。

クルド人の家の外観はトルコ人の家のそれとは大いに異なるが、どちらも同様の歴史を物語っている。この人々はその文化のなかに遊牧民であった先祖の遺産を守りつづけてきた。実際、すべてが天幕を思い起こさせるのである。まず、応接間、食堂、共同寝室として使われるただひとつの部屋。そのほかの部屋は付け足しのようなものであり、そこに魂はない。この部屋の特徴は、絨毯や、床と長椅子の上のクッションといった調度、床の上で食事をする習慣……石壁が布やフェルトに取って代ったことを別にすれば、なにひとつ変っていない。たいていの家では、先祖の天幕とおなじ程度の家具しかない。トルコ人に家の守り神への信仰はない。家が壊れたら、替えるだけだ。火を消し、天幕をたたんで放牧地を去り、また先に行って天幕を張り直していたのとおなじである。とはいえ、イスタンブルを発つとき目にした団地、すなわち高層や低層の集合住宅は、この国の人々に魅力を放っている。それはわれわれの農民たちが、村の古めかしい住居を棄てて大都市郊外のコンクリート造りのマンモス団地に移り住み、樫材のベッドを棄てて合成樹脂化粧板のサイドボードを手に入れることに一片の後悔もなかったのと同じだ。

固定した共同体か？　かならずしもそうではない。ここでは情報化社会が猛威をふるっている。そして、どの家にも変化が見える。どこでも同じ特定の家具が闖入《ちんにゅう》したのである。それは大きなサイドボードで、ガラス戸になった上部は写真や置物が飾ってある。下のほうには食器がしまってある。真ん中に鎮座しているのは、そのために家具を買ったテレビであり、リモコンは一家の主の手の届くところにある。口頭でのやりとり、話すことの重要性は、いまもアナトリア文化の核心であり、ここでは「ポケット電話」と呼ばれる携帯電話が体現する近代性と容易に結びついた。インターネット・カフェの繁盛ぶりも同じ精神構造によるものである。

社会組織は、クルディスタンではほかのどこよりも、男同士の関係であれ、女の地位であれ、かつての部族の序列化された氏族的な構造を保持してきた。西洋文化の影響が先祖伝来の習慣に変化を与えたのは、大都市の教養ある家庭だけにすぎない。テーブルで食事をし、寝るのはそれ専用の部屋で寝る。そして、「長《おさ》」に対する従属関係は、アンカラ、イズミル、イスタンブルといった都市の均質化した大衆のあいだでは弱まりつつある。

怪しい食堂

今朝、私は頭ではもうイランにいる。二週間前、あるトラックの運転手が、国境が閉鎖されていると言った。なぜ？　それについて相手はなにも知らなかったが、きわめて断定的であった。エルズルムで、インターネットを通してパリの友人にイラン大使館に問い合せてくれるよう頼んだ。大使館員はとても愛想よく、それは誤報です、と彼女に答えた。だから、この点は安心できた。イラン人は、その政治的な関心事がなんであろうと、外国人が来て、ドルを落してくれることを願っており、国境は開け放っているのである。私はそのへんにあった新聞で、イランに関係する写真と見出しを見た。なにかが起っているのだが、私にはそれがなにか理解できない。現地に行けばわかるだろう。

ディヤディンという町は、アナトリアではよくあるように、国道から離れたところにある。そこには南東に伸びる道路を通って行く。その道が分岐するところで、大地から湧き出る硫黄泉を浴びたいと願う湯治客のための超近代的な総合宿泊施設が建設中である。私にとっては残念なことに、まだ完成していない。それで、ディヤディンまで歩き、十六時ごろに到着する。そこは土の通りのあちこちに動物の糞がちらばる小さな町だ。外見がことのほか汚いホテルは、もうずっと前から営業していない。そばの喫茶店に入ってジュースを飲み、情報を集める。教師が――またまた教師だ――話しかけてくる。もしよければ、と彼は言う、五キロ南東にホテルとそれに付属する硫黄泉の温泉場がある。腹が減っているので、まずとにかく食堂を探しにゆくことにする。たちまち一周してしまう。食堂は一軒しかない。数人の男がテーブルについているただひとつの薄暗い部屋に足を踏み入れると、足が滑る。ザックの重みに体をとられ、ぎりぎりのところで転倒をまぬかれる。下はきちんと鉋がけしていない木の床で、それが一面、由来不詳のぬるぬるしたものの層でおおわれ、バランスを保つためには、その上をそろそろとすり足で進まねばならない。いまだかつてこれほどまでに汚らしい食堂を見たことがないが、これから先、旅の終りまでにどんなものにお目にかかれるかわかったものではない。いずれにせよ、選択の余地はまずない。食べ物には掃除よりも気を遣っていることを期待しつつ、またいつもながらに幸運の星を信じつつ、茄子の煮込みを頼むと、それは意外や、すんなり食べられる代物だった。あとは私の胃がそれに耐えられるかどうかである。

いつものことだが、五キロという数字はごく大雑把なもので、到着までに二時間近くかかる。途中、驚いたことに、一台の車が停まり、そこから降りてきたのは、一昨日その車でアールに連れ戻してくれたムフタルその人である。古くからの知り合いのように私に質問を浴びせ、別れがたいようすだ。この人は人情家であり、私としては精一杯がんばって、もう一度、あの心暖まる女の館で楽しい時間を過したことや、彼の息子と交わした興味深い会話のことを話す。

道沿いには掘削を行なっているところが何カ所もある。ここの湯は皮膚病に効くという評判である。太いパイプがしゃっくりのように間を置きながら、畑のなかに勢いよく湯気の立つ黄色い湯を吐き出すのが見える。工事中のパイプラインが、やがてこの湯を国道の近くで完成途上にある総合宿泊施設まで運ぶことになる。

高地の温泉

温泉場は二つの小さな浴場からなり、一方は私設、もう一方は共同浴場である。そのまわりに、ひとつかふたつの石の建物と十張りほどの丸いテントが臨時キャンプ場のようなものを作り出している。教師がもったいぶってホテルと呼んだものは、実際には窓のないたったひとつの部屋で、空積みの石壁は冷たく湿り、隙間風が入ってくる。そこに四台のベッドが詰め込まれ、そのシーツはたぶん以前は白かったのだと思われる。そのうち三台は、まだ日が暮れていないというのに、もう寝ている男たちに占領されている。主人は四台目をどう見ても高すぎる値段で私に貸そうと言う。

値引き交渉をしようとすると、四人の男が声をかけてくる。最後の追い剝ぎどもに出会う前にすれちがった電力会社の職員である。私たちは茶を飲む。彼らは奇跡の温泉に浸かりにきたということで、一緒に行こうと誘われる。浴場は、露天に四メートル四方くらいのセメント造りのプールのようなものを備えた小さな建物である。そのなかで、三十人くらいの男が芋の子を洗うように、ばちゃばちゃやりながら押し合いへし合いしている。更衣室はなく、みんな浴槽のまわりの壁についている釘に衣服を引っ掛け、ブリーフかトランクス姿で湯に浸かっているが、これは後で着たまま乾かすのだ。湯はハマムで何度も見たような、あまりにも垢が溜まりすぎたときのあの茶色をしている。とても熱い湯だ。十分後、さっさと出るように言われる。浴槽はひとつしかなく、今度は女性陣の番なのである。

温泉を出ると、新しき友たちが布屋根の下に小さな店を構えるヤークブという若者を紹介してくれる。彼はシーズン中、小型の観光バスで引きも切らずに押し寄せる温泉客相手にジュースやビスケットのような菓子を売っている。幸せな商人だ。彼には共同経営者一人と、休みのあいだ一緒に働く学生の店員がいる。彼らはとてもよく働く。高地にあるため、ここのシーズンは三カ月である。その前後は、雪と寒さがこの土地に腰を据える。

「じゃ、ヤークブ、一年のほかのときはなにをしてるの？」

「べつに、車をいじったり、友達のところに遊びにいったりさ」

幸せなやつだ、一年分のパンを稼ぐのに年に三カ月働くだけで足りるとは。

毎晩ディヤディンの家に帰る若きヤークブは、今夜は共同経営者と店員が寝るテントに泊ってゆけと言ってくれる。テントは広々して、マットレスと分厚い毛布がひとつずつあまっている。夕食は、店員が店の隅に置いてある小さな冷凍庫からグリンピースのピュレスープを取りだし、沸き立った湯に放り入れる。ポンプで汲み上げた水少しとパンひと切れを添えて、私たちは最後の温泉客たちが硫黄泉から震えながら出てきて、ミニバスにもどるのを眺めながら夕食をとる。夕日が遠くつらなる丘を燃え立たせ、壮麗なスペクタクルを繰り広げる。日が暮れてまもなく、私たちは横になる。

私はすぐに眠りに落ちたが、寒さで目が覚める。ここは高度が二千二百メートル以上あり、夜は凍てつくような寒さになることをうっかり忘れていた。あわててリュックから寝袋を取り出すが、冷えた体は温まってくれない。何時間も震えつづけたあげく、ようやくザックの底に、もしも……のときのために持ってきたサバイバルシートがあるのを思い出す。それは一度も使ったことがない。どうしてこんなにうっかりばかりしているのだろう？　宿主たちの目を覚まさないように闇のなかで、プラスチックの薄い膜にくるまり、ふたたびシュラフにもぐりこんで、毛布をかける。やっとのことで温まったが、愚かにも三時間も震えつづけていたので、寝入るころにはもう日が昇りかけている。

キャンプ場は目覚め、ミニバスは夜明けとともに温泉客の波を吐き出し、そのおかげで、私はようやくぬくまった寝床からあまりにも早く引きずり出される。私たちがパンをかじり茶で流し込んでいる最中、私は湯をためたプールのそばにあるトイレに駆け込まなければならなかった。ザックの口を締め、さあ出発というときに、またそこに行く。けれども、心配はしていない。イスタンブルを出発して以来、旅行者下痢症にかかったのはこれで三度目だ。二日もすれば、忘れていることだろう。

下痢と発熱

歩きはじめたときには、すでに日が高い。車の行き来は激しくない。私は今日自分を待ち受けている楽しみを先取りして味わう。ここから何キロか、十キロ、たぶん二十キロ行けば、アララト山が見えるはずだ。中世には、アルメニア人はこの聖なる山が目に入ると、十字を切った。というのは、標高五千二百メートルのこの死火山には、ノアの方舟がその山腹に漂着したという根強い伝説があるからである。いくつもの調査隊が聖なる方舟の痕跡を発見したと主張したが、木片の年代測定の結果は、そのたびに彼らの期待を裏切った。ただそうはいっても、旧ソ連領側の裾野にはナヒチェヴァンという名の町があり、それは古いアルメニア語で「船の人々」という意味である。そこで私としては、ノアがこの海のように青く広がるすばらしい山並みのふもとに方舟を乗り上げたと想像したいのである。

目の前の道路はゆるやかな坂となって、二千五百メートルに達する峠に向って上ってゆく。夕食と朝食がいやがる腸のなかで乱舞を始めたことは忘れようと努め、集中しようと努力する。しかし、腹と頭との戦いは互角ではない。拷問にかけられた腹の動きは、あらゆる思考を圧倒する。幸いにも、道路は盛り土をした上に造られており、どちら側でも、車やトラックから隠れて激しい下痢に対処することができる。その下痢はますます頻繁に私に全力走を迫り、そのゴールで私はせっぱつまってザックと半ズボンを下ろすのである。こんなにひどい旅行者下痢症は初めてだ。道は上りつづけ、私はだんだん歩くのが辛くなる。激しい頭痛が額を締めつける。日差しがきつくなったせいだと思い、帽子をかぶる。まるで効果がない。峠まで登る六、七キロで、全部で十回ほども下痢の始末のために立ち止まらなくてはならず、ほとほと参ってしまう。頭痛は、暑さにもかかわらず、じきに全身を震え出させた熱の前兆にすぎなかった。峠を登りつめると、軍人の一隊が駐屯する小さな石造りの建物がある。カンガルが二頭、鎖につながれている。砂嚢の陰に身を潜めていた兵士が私を認め、隊長の士官を呼ぶ。士官は頭をつるつるに剃った若者で、私のおかしな恰好に興味をそそられて、ふざけ気分と好奇心がいりまじった声で呼ばわる。「ゲル、チャイ！」

ドゥバヤズトまでの道のりはまだ長いけれど、一刻の躊躇もなく誘いに乗る。とても気分が悪く、弱りきって力が出ず、熱が出ている。軍人たちに案内されて、薄暗いトーチカのような建物に入る。この場所は戦略上の拠点である。ここから眼下の道路を東西十キロずつにわたって監視することができる。この中に入る前に、士官が雲におおわれたアララト山の山頂を指差して見せる。だが、私の気分は最悪で、話には上の空、とにかくなんにしろじっくり眺める気にはなれない。私はベンチにへたりこみ、茶を待つ。士官と私は小さな円卓に坐ったが、中央のテーブルでは、数人の兵卒が分解した銃をていねいに掃除していて、部品が薄暗がりのなかに光っている。私がイスタンブルから来たと知ると、士官は大笑いする。そんな妙ちきりんな恰好をしたあんたを見たとたん、こいつは変人だとにらんだけど、図星だったぞ、と心のなかで思っているのだ。はっはっはっ！　イスタンブル！　テヘラン！　彼が長々としゃべることのうち理解できるのは、私が彼にとって尽きざる楽しみの種だということと、イランで「問題」が起っているということだけだ。だが、そう聞いても心配はしない。「問題」なら、出発以来、たっぷり出くわしている。多少増えたところで、いまさらびくつくことはない。そのかわり、今が今、悪寒と発汗が同時にやってきている。兵卒が私のためにパンとチーズを運んでくると、吐き気がこみあげる。熱々の茶を少し飲みたいだけだとわかってもらうのに、ほとほと苦労する。この体によい飲物を何杯も飲むと、少しずつ気分の悪さが薄らいでゆく。

ほんとうに出かける気になれない、ただただ横になって眠りたい。ところが、「ギュゼル、テュルキイェ?」（きれいだろ、トルコは?）といういつもの質問――ためらわずに答えることを強いるような口調で発せられる質問――に答えなければならない。私は、もちろんトルコは「チョク・ギュゼル」（とてもきれいだ）と答える。この表現は、英語の「ヴェリー・ナイス」に相当するトルコ語である。文と文の合間にはさまれる万能の呪文のようなもので、ほぼすべての質問への答として使え、ほとんどなんでもいいから、適当になにかを指差しながら口にすれば、重苦しい会話のいたたまれないような沈黙を埋めることができる。トルコに入ってすぐに、ひとつだけ言い回しを覚えるとするなら、これだ、と気がついた。だが、わが身を苛むこの旅行者下痢症のせいで不機嫌になっているためだろうか？　私は答のトーンを下げてしまう。たしかにトルコはきれいだけれど、こんな戦争状態になっているのはほんとうに残念だ、と私は言う。

若い士官は説得力を増すために立ち上がり、われわれは敵に包囲されているのだ、と力説する。アルメニア人、イラン人、イラク人、ギリシャ人、ＰＫＫ、みんながわれわれに恨みを持っている。

実際、アルメニアとの国境は閉鎖され、ギリシャはいまもトルコの宿敵であることを私は知っている。一方、イランとイラクとの潜在的な紛争は、対ＰＫＫ作戦の副次的な結果であり、トルコは隣人たちがオジャランの党の闘士を自国の領土にかくまっていると非難しているのである。しかも、トルコ軍は時として国境を越えて捜索権を行使することをやめず、これが関係をよけいにこじらせている。以上が対外関係であるが、国内はといえば、山岳地帯に狙撃兵、都市では爆弾テロと、ＰＫＫは国中いたるところに出没する。私はそれとなく、隣人すべてと仲が悪いということは、おそらく責任の一端は自分にあるのではないか、と言う。とたんに気まずい空気が漂う。すぐさま、全員トルコ人である兵隊たちが、オジャランの有罪判決を私がどう思うか知りたがる。私は彼が処刑される可能性はほとんどないと予言して、彼らを憤慨させる。

「でも、やつは子供たちを殺したんだぞ！」

子供を殺さなかった軍隊があるだろうか？　戦闘中の軍隊が犯したすべての残虐行為のゆえに将軍たちを裁きはじめたら、果てしなく首が刎《は》ねられることだろう。だが、論争はしたくない。それで、反軍国主義の議論のトーンを下げる。いつなんどき険悪になるか知れない激しいやりとりをしているうちに、さきほどまでの具合の悪さをいくぶんか忘れ、この小さな建物の涼しさと茶のおかげで、元気がもどってきた。

トルコ語でもっと自在に意見を言えないことが、なんともどかしいことか！　たとえば、ちょっと世間知らずなこの兵隊たちに、イスタンブルで聞いたことを教えてやることもできたろうに。つまり、最近出版された『メフメットの書』というタイトルの本を読むべきだということである［原注…この本は一九九九年の年末にトルコ政府により発禁処分を受け、著者は「軍の士気への阻害行為」のかどで起訴されるおそれがある］。このありふれた人名はトルコ人兵士を意味し、フランス語ならさしずめ『兵卒の書』というところだ。著者は女性ジャーナリストのナディレ・マテルで、おもにジャンダルマの制服を着てクルド人との戦争に参加した四十人ほどの召集兵のインタビューをまとめたものである。そして、この召集兵たちが明かすことはためになる。彼らは上官の将校たちから虐待を受け、食事もひどいのだが、その一方で金持の息子はコネのおかげで雑役や虐殺に加わるのをまぬがれる。これが背景の部分。日々繰り返されるおぞましさの部分はこうである。ＰＫＫの党員かと嫌疑をかけられただけの市民を殺戮し、村々を強制立退きさせ、最後の住民が連行されるとすぐに火をつける。こうして私は、嘆かわしいことに今では広く知られた手の込んだ暴力、制服のおかげで自分を強者と信じこんだ者が弱者にふるうその暴力の例を延々と挙げることができたろう。だが、私はその全部を胸にしまって、目の前の士官が私に浴びせつづける意見をうなずきながら聞く。

士官の話は、かなりへんてこな恰好をした二人の男に中断された。近くの農民である。ジャケットの上に軍人やジャンダルマの着ているような迷彩服の服地で仕立てた、ポケットがたくさんあるチョッキのようなものをはおり、ポケットは銃弾でふくらんでいるのがわかる。ふたりは軍が村々に組織した補充兵で、報告にきたのである。彼らの旧式の銃は、アリハジュの私の玄関先でしきりに身振りをしていた男が振り回していたのと同じ型であるのがわかる。士官がふたりを指しながら、「よい」クルド人もいる、このふたりがその証拠だ、と言う。士官と二人の補充兵のあいだで始まった話は私にはちんぷんかんぷんだ。それで、具合もよくなったので、彼らのもとを離れた。

病に倒れる

分厚い壁の小さな要塞から外に出ると、日差しが焼けつくようだ。道はゆるやかな坂となって、一筋の川がのんびりと流れる谷に下る。私もあの川のまねがしたい。遠くでは、靄《もや》がアララト山の姿を隠している。あの山まで行くには四、五時間歩かねばならないだろう。それからの二時間のあいだ、用足しのために何度も立ち止まらなくてはならない。喉が渇いてしかたなく、水筒はほとんど空っぽ、わずかな残りを節約しながら飲む。熱がぶり返してきたので上着をはおり、太陽が真上から照りつけているというのに体がガタガタ震える。何度も帽子を河の水で濡らす。それは何分もしないうちに乾いてしまう。この高地ではそれほど日差しがきつい。もう視界から消えたあの小要塞の涼しさを懐かしみながら、道端に歩を止め、ザックを下ろして休憩する。

私の脚はだんだん覚束なくなってきた。元気を取り戻すために、パンをひとかけ食べようとする。ところが、それを目にし、匂いをかいだだけで我慢ならなくなり、吐き気がこみあげる。道に戻るが早いか、また道路を下りて息をつく。歯がガチガチ鳴る。ザックが何トンもあるかのようだ。ふたたび歩き出すが、まっすぐ歩こうと努力しても、遠く小さな峠に向って伸びる平らな道の上をジグザグに進んでしまうことに気がつく。さいわい、車もトラックもめったに通らない。そうでなかったら、あっさり轢かれかねないところだ。また足を止め、のめるように坐りこむ。突然、脚が体を支えるのをやめてしまった。

意識を取り戻すと、私は草の茂みに顔を突っ込んで、道端にのびていた。重い荷物に圧しつぶされそうだ。どのくらい意識を失っていたのか？ どうしても起き上がれない。さんざん苦労して、負い紐のホックをはずし、リュックをどかす。草のなかに坐る。頭がくらくらする。ずり落ちてしまった帽子を取りに行こうとして、もう自分は歩けないことがはっきりする。車を停めて、ドゥバヤズトまで運んでもらうしかない。

ふらふらとホテルへ

それはアナトリアの町々を結ぶあの小さなバスの一台だ。バスは数メートルのところに停まる。運転手の助手をしている少年が後ろのドアを開けてくれる。私はザックをそこまで引きずり、少年がそれをつかんでいちばん後ろの座席に置き、私もそこに坐る。若い車掌がしげしげと見つめるが、きっと私はものすごい顔をしているのだろう。実際面に気のまわる彼は、箱に手を入れてビニール袋を取り出すと、なにも言わずに手渡してくれる。間一髪だった、私は袋に顔を突っ込み、気持悪さにむせびながら吐く。それから、すべてがきれいな霧のなかに溶けてゆく。やっと意識を取り戻したのはドウバヤズトに着いてからだった。ミニバスは歩道沿いに停まっている。客はもう降りていて、少年が黙ったまま目の前にいる。私は百万リラ札を一枚差し出す。ミニバスからザックを出そうとし、やっとうまくゆきかけたところへ、彼が助けにくる。彼はザックを持ち上げ、片方の負い紐を肩にかけるのを手伝ってくれる。車は、正面を塗り直したばかりの三つ星ホテルの真ん前に駐まっている。私は中に入る。

部屋代は七百万リラである。これが私の最初の贅沢だ。ロビーはブルジョワ風の貫禄を感じさせる。けれども、私はそれを信用しないほうがよいことを経験から知っている。用心のために、この料金でどんな部屋を用意しているのか見ておきたいが、また危うく意識を失いかけたほどで、とうていそんなことはできない。ひとりの従業員が私を部屋まで送り届けるよう言いつけられる。ついてない、エレベーターが故障中だ。私はザックを肩からずり下ろし、ボーイに運ぶように言う。こんな重荷を背負っていては、階段を一段も上がれないだろう。ボーイは無造作にザックをつかむが、二回もやりなおす。もっと軽いと思ったのだ。何度も立ち止まって息をつきながら階段を上り、やっとの思いで二階に辿り着くと、ボーイが部屋のドアを開ける。一歩中に入ると、洗面所で水漏れする音が聞えるが、いまの私には眠ることが先決だ。ボーイの背中でドアを閉め、浴室に急行する。下痢、嘔吐、私は空っぽになる。やっと小康状態がおとずれ、二台あるベッドのひとつに向い、その上に倒れ伏す。ベッドの支柱が一本、床に倒れる。私は震えがきている。体を温めるために、もう一台のベッドから毛布を取って、いま掛けているのに重ねる。私が横になったベッドは、体を動かすたびに崩れそうになる。それも気にかけぬまま、眠りに落ちる。

医師の宣告

二日のあいだ、浴室との往復を繰り返すことしかできない。腹のなかにはなにも残っていない。それでも、ひっきりなしに差し込みが腸をよじり、やがて便に血が混じっていることに気がついた。飲食物の安全規則――ここまではどうにか守る努力をしてきたが、この身に起きたことは、守りきれなかったことを証明している――をいっさい無視して、私は癒しがたい喉の渇きを水道の水でしずめる。十分後、その水を便器のなかにもどす。壁に取り付けられた配管から漏れる水が浴室を水びたしにし、通るたびに氷のように冷たい足湯を使うことになる。

最初の朝、私は掃除にきた客室係の青年に近くの食堂で米を煮たのを買ってきてくれるよう頼んだ。それから、部屋に電話をつけてくれるようにも頼んだ。彼は忘れてしまった。翌日、彼は掃除しにこないので――これも忘れたにちがいない――、私はロビーとの短い往復をするという危険を冒し、あらためて米と電話を要求する。生理的欲求が私を急かすので、さっと切り上げないといけないが、とにかくその欲求には、よいよい老人のスピードで私が階段を上るのを待ってもらわねばならない。私は完全に力が抜けてしまった。午後も半ばになったころ、例の若い男がどうやら自分で作ったとおぼしき米を運んでくる。彼は結構な値段の請求書を置いてゆくことは忘れない。私はぶつぶつ文句を言うが、私の負けだ。彼の米は味がなく、嚙むとぽりぽり音がする。二さじ食べるいとまもあらばこそ、すぐにもどしてしまう。腹のなかが灼けつくようだ。トイレに行くたびに、耐えがたい苦痛を味わう。私はフロントに、ベッドの情けないありさまと洗面所の水漏れのことを訴えて抗議してあった。いいかげん青年がまたやってきて、三階の部屋ではどうかと言う。いっそ五階と言ったらどうだ、私はこのホテルでただひとりの客にちがいないのに。一階上に移るのは、もう下に降りられなくなるのはわかりきっているから、やめておく。しかたがない、冷たい足湯を続けよう。

そのかわり、電話をつけることについては頑として譲らず、電話は夜になってやっと届く。われわれはそれを設置するのに一時間も奮闘する。電話機のコードに差し込みジャックがついていないからである。そして、壁の差し込み口は私のベッドの後ろ、つまり容易に手の届かないところにあるのだ。あれこれ試しても徒労に終る恐ろしく長い時間が過ぎ、その間に私は彼を殺してやりたくなったが、この役立たずは、被覆をむいた二本の線を差し込み口にそっと滑り込ませ、やっとのことで発信音が聞えるようになる。試しにかけてみると、ベッドが動いて、線がはずれてしまい、やり直しになる。彼が帰ってから、横になるとすぐ、線が落っこちてしまう。つまり私は今後、寝るか電話をかけるか選ばないといけないわけである。

私はアナトリアの医療にはごく限られた信頼しか寄せていない。荷物の底から、この旅行中の私の保険であるIMA——アンテル・ミュチュエル・アシスタンス——の小さなカードを引っ張り出す。電話をつなごうとしてへとへとになるまでがんばった後、なんとか相手と話ができる。電話番号を教えてくれ、こちらからかけ直す、と言われる。数分後、いいかげん青年がきてドアをノックする。私に電話がかかってきているが、線がずり落ちていたので、その電話をこちらに回すことができないのだ。また線をやり直す。電話診察のために私を呼び出した医師は、とても頼りになりそうな声の女性である。彼女の診断は明快できっぱりし、決定的なものである。アメーバ赤痢。私はその知らせにがっくりきた。私の知るかぎり、それは軽い病気ではない。戦争では軍隊にとっての脅威であった。銃弾よりも多くの兵を殺したからだ。すぐに、とやさしい声は言う、特効成分——私はたちどころにその名前を忘れてしまう——を含み、三種類の製品名で売られている薬を飲まなくてはいけません。私はその三種類をメモするが、三つあれば、ひとつくらいは見つけられるだろう。もう夜が更けたから、薬を探しにゆくには遅すぎる。それに、階段を降りるのと、とくに上らなくてはいけないのが恐ろしい。つい二日前まで自分を不死身のように思っていたのに、いまは自分自身を、このあまりに急激な衰弱ぶりをあざ笑ってやりたい。足の化膿、がむしゃら歩き、カンガル、断崖からの墜落、トルコ人とクルド人の追い剝ぎ、軍人ども、そのすべてを私は乗り越えてきた。ところがいま、その私が腸をむしばむ小さな小さな虫どもの犠牲になってしまった。なんたる皮肉。ユーモアは恐怖をまぎらす最良の手段だが、相手となってくれるよい仲間がここにはいない。ひとりぼっちの私は、ぼろぼろになった自分の腹と半旗を掲げた心とよりをもどす。

翌朝、私には喧騒と雑踏がすさまじく感じられる大通りに遠征を試みる。ホテルで聞いたところでは、いちばん近い薬局は五十メートル先にある。第一の奇跡、そこの主人はおそらくアナトリア全土でただひとりの英語のできる薬剤師だろう。第二の奇跡、彼の店には例の薬がある。私はへとへとになって部屋にもどる。二度目の服用から、もう治療の効果が現れはじめ、ひどい下痢は減って、少しは落ち着くことができる。ベッドから、ようやくアララト山をじっくり眺められる。二つのビルが建設中で、じきに山を隠してしまうだろうから、この部屋の後釜たちは、これほどの幸運には恵まれないことだろう。

雪の王冠を戴いた山は、威厳に満ち、じつに美しい。夜明け、日が昇りはじめると、山は後光のようにいっそうの神秘を添える靄に輪郭をぼかされて姿を現す。それから、日が昇るにつれ、雲の帽子が頭をすっぽりとおおい、昼間のあいだ、それを人の眼から隠してしまう。アララト山のかたわらには、トルコ人が「小さな痛みの山」とよぶ、より小さいもうひとつの円錐形の火山が控えている。アララト山のほうは、ビュユック・アール・ダウ、「大きな痛みの山」という名前である。

灼けつくような、ふくらんだ腹に手を置き、私もそう言おうとしていた。

大きな痛み XIII

旅の今後

病気にがっくりときて、体ががたがたになったうえに三日間絶食を強いられ、憔悴し切った私は、とても出発できる状態ではない。立っていられれば、それだけでもう喝采ものだ。またリュックを背負って歩けるようになるまでに、何日かかるだろう？　腹をアメーバに食い荒され、吐いたり、血と粘液まじりの下痢をしたりで、私はもうぼろぼろだ。もっとも急を要するのは、ホテルを替えることだ。このホテルは食堂がなく、ベッドか電話か、二つに一つの選択を迫られるうえ、高度に無能なスタッフは客のことなどおかまいなし、しかも冷たい足湯を強制されるせいで、残っていた気力もしまいにはなくなってしまう。

夕方、少しよくなったようなので、思い切って大通りまで遠征を試みる。七月ともなると、観光客の姿が目立つ。ほとんど英語圏からだ。Tシャツとショートパンツ姿で濃淡とりどりの日焼けを見せびらかし、屋根の上までキャンピングの機材や衣服をごちゃごちゃ積み上げた四輪駆動車に乗って、冒険家気取りである。われわれは同じ旅をしていない。彼らはこの国を横断し、見物し、写真に撮り……はするが、戸をくぐらない。おやおや、ご立派なことだ、そんなふうにうぬぼれて、自分こそ本物の旅人だと威張るこの私は！　おまえなぞ、よぼよぼの老いぼれ、ふらつく幽霊、中東をさまよう敗残者にしか見えんのだぞ。こう自分に向って演説をぶち、叱りつけながら、商売気のある男の子が歩道の上に置いて客を待つ体重計に上る。ところが、読み取った数字にはさすがに仰天し、下に降りて、機械がきちんと調整されているか確かめる。少し先の、別の男の子が張りついた別の体重計が、その判定に間違いはないと告げる。二台とも、たしかに六十キロを指したのだ。イスタンブルでは七十四キロあったし、一週間前エルズルムでは、二カ月間の徒歩旅行のあとでも七十一キロあった。三日のうちに十一キロやせたことになる。

身をさいなむ差し込みや引き裂かれるような痛みをしばし忘れさせてくれる光景を目撃する。ショーウィンドーの前に置かれた野菜売りが使うような荷車の上で、ひとりのじいさんが、以前は毛布であったと思われるぼろきれの山の中に坐っている、というよりは、ぐったり倒れ込んでいる。その体は背骨が抜けたようで、手足は変形している。アラビア文字で書かれたコーランの一行一行を震える指先でたどりながら小声で唱えている。通行人のなかには小銭や紙幣を投げてゆく者もあるのに、一瞥もくれないい。荷車の下では、真っ黒になった洟たれ小僧がふたり、あぐらをかいてトランプをしている。ふたりでげらげら笑っている。突然、じいさんは本を閉じると、手の平で荷台を三度たたく。ふたりの子供はすぐに隠れ場所から這い出ると、それが彼らのいつもの仕事だとわかるムダのない動きで、そのままますばやくめいめいの配置につく。それから、荷車をひとりが引き、もうひとりが押し、人混みに分け入ってゆく。たぶんもっといい場所を探すために、でなければ、祈りの時が来たので、この信心深い中風病みをモスクに連れていくのだろう。

ホテルに帰る前に、別のホテルを一軒検分してみると、もっと快適で安い。インターネット・カフェ捜しはうまくゆかない。「コーヒーはここにはないよ、茶だけだ」というのが、年寄りのトルコ人の答だった。いんちき三つ星ホテルのフロントで、私はここを出ることを告げ、翌朝の清算を頼む。マネージャーは私の引越しが気に入らないようで、私はごっそりぼられることを覚悟する。それから、自分の部屋までなんとか上ると、へなへなと倒れ伏し、途中で目を覚ますこともなく眠る。

朝、予期したとおり、客が来ないものだから、すでにいる客からぼったくろうとするこのいんちきホテルの支配人と小競り合いを演じなければならない。「請求書」なるものは、縦横に線の入った紙の切れはしで、天文学的数字がのたくってある。最初の日に言われた部屋代は三倍になっている。フランスに三十秒電話しただけなのに、支配人によれば通話時間は十五分である。さらに二度目の通話まで、こちらに払わせようとする。「ポリス」に訴えると脅かすと、請求書の額を三分の二削った。役たたずの、ちっぽけないかさま師で、制服を怖がる臆病者。人間のいやらしさを絵に描いたような男だ。

アララト・ホテルの観光客は、たいてい気取ってレイバンや熱帯帽をひけらかすヨーロッパ人かアメリカ人で、トルコ語はひとことも話さない。私はそういうタイプではないので従業員たちの好意を集め、彼らは私に対して親しげにし、至れり尽くせりだ。電話は通話時間がわかるようになっているのを確めてから、子供たちに、それからIMAに電話して、どちらにもホテルを替ったことを知らせる。すぐに医者が連絡してきて、私の容体を聞く。「旅行を続けられるようになるまで、何週間かかるでしょう」と言う。「私たちの意見は、あなたは緊急送還されるべきだということです。トルコの事務所に電話しますから、そこからあなたに連絡がいくはずです」

私はこういうことになる可能性を考えていなかったわけではないが、ショックを受け止めかねた。たしかに私の健康状態では、よくても二、三週間してからでないと出発できない。イラン国境からはふつうに歩いてわずか一日、すなわち三十五キロのところにいるが、向うではなにが私を待ち受けているだろうか？　詳細な地図なしで、ということはどこに村々があるのかを知らないままでは、町から町へと歩くことしか考えられない。そうすると、四十キロ以上の行程が何日も必要になる。私の状態では、それは無理だ。そして、それ以上に気がかりな別の問題がある。役所の手続きに関することだからだ。今日は七月十四日だが、私のイランのビザは有効期限があと十五日しかない。二十九日までに出立するのは無理だから、更新しなければならない。そのためには、パリかイスタンブルに行って、通常の発行所要日数である二週間のあいだ待たなければならない。エルズルムにはイラン領事館があるが、そこでは発行に一カ月かかる。どっちにしたところで、旅行を再開できるのは早くて八月十五日ごろ、酷暑の最中である。病み上がりの人間にとって、暑さの盛りに歩くのはむずかしいことだ。

緊急送還

私はなにをして過せばいいかわからない。今まで、私の日課は簡単だった。歩き、食べ、宿を見つけて寝る。いきなり、目の前にぽっかり空洞が開いてしまった。良識に従えば、なにもしないことだ。でもそんなことは、私にはできない。時間をつぶすために、ベッドに横になって、イランについての資料を拾い読みする。すぐ近くの、歩いて一週間ちょっとのところにあるタブリーズは、十六世紀末には世界で最大の市場であった、と書いてある。バザールは三十平方キロメートルを占めていた。三十平方キロメートル、想像できるだろうか？　私はできない。ところ狭しと並んだ陳列台、富の集積、積み上げられた絹織物や錦、粉食品や香辛料のピラミッド、この世で最も高価な絨毯の山、中近東で最良の鷹を集めた鷹の市、それらをいくら思い描こうとしても、私の想像力は、自分の知っている東洋の市場の限界に突き当たる。色きらびやかで香料の香り漂うおとぎ噺の世界を繰り広げるのに疲れて、私はアリババの洞窟の幸せ者のようにぐっすり寝入ってしまう。

昼飯時、表通りまでちょっと出かけてみる。いかがわしいのがひとり寄ってきて、イランのリヤルを闇で替えてやるという。残念ながら、いまの私には用はない。見たところよさそうなレストランで栄養を補給しようと試みる。米を三口食べたところで、あわててホテルに帰り、もどすはめになった。脱水症状を悪化させないよう、絶えず飲むことを心がける。要するに、まだなんとか生きている。

やっとインターネット・カフェを見つけた。建物の二階にあるから、外からはわかりにくかった。そこに行くには、出資者でもある家具屋の店を通り抜けるため、展示してあるベッドや椅子や簞笥のあいだをくねくねとすり抜けて、倉庫のなかにある小さな螺旋階段を上らなければならない。客は大方若者だ。ここに来るのはコンピューター・ゲームを満喫するためと、それにも増してピンク・プログラムを利用して、どこか西欧の大都会で、半裸の女が絹張りのクッションの上で淫らな恰好をしているのを想像しながら、甘い名前をつけた見知らぬ女の子たちとメッセージのやり取りをするためである。私のメール・ボックスには子供たちからの便りと、私のニュース感覚を皮肉るジャーナリスト友達のジュヌヴィエーヴからの手紙が入っていた。「……イスタンブルに着いたときはオジャラン裁判の始まりで、エルズルムでは死刑判決、そしてイランでは学生騒動。定年退職者には余りなことですね。いつになったらニュースの追っかけをやめるの？」

ホテルに戻ると、外出の疲れのあまりベッドに崩れ落ちる。少しして目を覚ますが、心地よい夢を抜けると、現実という名の悪夢に引き戻され、私はドゥバヤズトに病み、ベッドに釘付けにされているのだった。夕方も近くなった。崇高で、この時間には礼儀正しく雲の冠をかぶったアララト山が、私の旅行の終着点となるのだろうか？　まだ希望を持ちたい。山をめでるためにバルコニーまで体を引きずってゆく。いと高き「大きな痛み」山は、私の苦しみに知らん顔をするように顔を隠す。

電話が私を我に返す。イスタンブルから掛けてきたＩＭＡのトルコ統括責任者のギュネイ博士である。声は温かく、少しもなまりのないフランス語を話す。というのも、彼はフランスの東部で育ち、学校教育の大部分もそこで受けたからだ。

「カルテを拝見して、あなたを担当された先生方と話しました。代替案はないと思います。本国に送還する必要があります。けれども、どのようにしたらよいものか、よくわからんのです」

たしかに私を運ぶのは容易なことではない。普通の乗客として飛行機に乗ることは問題外だ。坐った姿勢を数分以上続けることはできない。けれども、このバカンスの時期、飛行機に寝台を取るには何日も待たされかねない。私の容体ではそれは無理だ。そのうえ、エルズルムまでは救急車、それから飛行機でアンカラまで行き、飛行機を乗り継いでようやくイスタンブルに到着することになるのだ。イランを経由しても厄介なことに変りはない。私のために飛行機を一機仕立てるのは大袈裟に思われる。まだ死神と親しいお付き合いをさせてもらってはいないのだから。二時間して、救助隊の医師からまた電話、策は一つしかないと告げられる。ドゥバヤズトからイスタンブルまで救急車による帰還。今晩ボスポラスの岸から一台が出発して、明日の夕方到着する。運転手二人と看護婦が一人、私を連れて戻ることになるが、道中は苦しく疲れるものになるだろう、とギュネイ博士は釘を刺す。私もそう思うが、ほかにいい案もない。赤痢が治まるにつれて痛みは増すばかりなのだから。博士は、たしかにイランでは学生デモがあって、軍によって徹底的に鎮圧されたと言う。だから私は残念に思うことはないのだ、旅行を続けるのは難しかっただろうから、と博士は結論した。

残念でないことがあるものか。私にとってはわくわくするような事件が起こっているときにイランに入国できるという偶然が、私を招んでいるのだ。無為を強いられることには耐えられない。ベッドに横たわり、ターバンを巻いたようなアララト山の頂きに目をやりながら、私はこれが自分の冒険旅行の結末であること――当座の結末にしろ――がどうしても納得しきれない。いまごろ救急車はイスタンブルを発つはずだ。トルコを歩く私の長い旅は、自動車で振り出しに戻される秒読みの段階に入った。なにかしないではいられないので、はるばるパリから携えてきたのに、詳しく調べる暇のなかった唯一の資料である英語の『ロンリー・プラネット』イラン編を読む。

薬を飲んでいるにもかかわらず、アメーバはまだ腸を食い荒している。私の腸は体中に痛みを広げる傷口だ。やっと眠気が差してくるが、狂ったように一斉に吠えたてる犬の声に妨げられる。町の通りは、夜が更けると、たちまち野良犬のけんかの舞台となるのである。人気のなくなった通りに冷たい雨が降る。アララト山の頂きでは、いまごろ雪になっているだろう。少ししか寝られない。目を覚ますと、腹痛は少し治まっている。夜明けとともに、雪におおわれた五千二百メートルの高みから町を見下ろす山の偉容が見えてくる。朝早いから、雲はまだ姿を現さない。この死火山は、昨年見る機会に恵まれた富士山に匹敵する美しさだ。平野から立ち上る雄大な姿、完璧な円錐形、なだらかに濃淡を描く雪化粧、それは見飽きることのない一幅の絵である。この山がその陰に生きる人々によって神と崇められたことに驚くことがあろうか？　東寄りにある小アララトは、朝日を背にして浮び、光のかげんで「大きな痛み」と同じくらい大きく見える。

病人の遠足

痛みにのたうつ腸のなかで、得体の知れぬ人食い微生物がやらかしている乱痴気騒ぎをおとなしくできないものかと希望を抱いて、背を曲げ、手足をこわばらせ、縮こまって、町に出る。

街角では、ごみの山の放つ臭いに誘われた鶏やあひるの群が中庭から出て、腹をくちくした犬どもが夜明けのほのかな光のなかに置き去りにしたご馳走の残りを取り合いにきている。下水溝もなく、中身が腐敗して膨らんだり、破裂して、泡を浮べたじくじくした液を吐いたりしているビニール袋の山の下には、気色悪い緑色がかった大きな水溜りができている。町のはずれまで来て、地平線上に完全な三角形をなしているアララト山を眺める。それは私の辿る道の上の道標でしかないはずであったのに、いまとなっては壁だ。私は小股歩きで町中に戻る。日が昇りはじめたばかりなのに、商売はもう始まっている。中東ではどこでもそうであるように、店は通りに開かれ、食料品を山と積んで、表に並べている。この時間まれに通る車が巻き上げる細かい埃が、売り物の台に降りかかり、大きく開け放たれた扉から中に入り込む。自分が地の果てにあるこの町に似て、小さく、みじめで、外側も内側も汚れているような気がする。吐き気がするので、町中で吐いてしまうのではないかと心配になる。けれども、この九週間というもの、不潔さは私の日常であり、それで気持がくじけることは一度もなかった。ここでは、血を逆流させる。だが、この強烈な嫌悪はむしろ、冒険が今日終りを迎えるのだという耐えがたい思いからくるのではないか？

七時半ごろホテルに戻ると、茶を何杯か、もどすことなく腹におさめ、パンの小さなかけらを時間をかけて嚙み下すことさえできた。今日のこの日をどうかたづけたらいいか？　何もせずに救急車を待つという思いには耐えられない。苦しさがつのると時間は延々と長く感じ、和らぐと時計はどんどん分を刻み、私の夢の終りを現実にする呪わしい救急車の到着を早めるかのようだ。

歩けないので、月並みな観光をすることにする。土地の名所は三カ所ある。最初はもちろんアララト山。しかし、ＰＫＫとの戦争が始まって以来、登山は軍によって事実上禁じられている。つぎに「メテオル・チュクル〔隕石孔〕」。町から三十キロのところ、イランとの国境の近くにある。私は近くを通るさい、そこに立ち寄ることを予定していた。一九二〇年、このすでに荒涼とした風景のなか、巨大な隕石が落下して大きなクレーターをつくった。直径六十メートル、深さ三十メートルあまり、世界で二番目の大きさだ。そこでもまた、軍がややこしいことを言い出すので、見学ができるかどうか定かでない。クルド人ゲリラに対する戦争は、かつてこの二つの名所を売り物にしていた観光産業を廃らせてしまった。いずれにせよ、山と隕石跡はこの体で行くには遠すぎる。

残るは地元の三番目の名跡だが、これは私にも可能だ。町から五キロのところに平野を見下ろすように、トルコのもっとも美しい建築の至宝のひとつ、イスハク・パシャ（イサク公）宮殿が建っている。一家による仕事である。一六八五年にパシャのひとりによって着手され、建物に名前を与えることになったその息子によって一世紀の後完成された。城塞はトルコの東の入口を固め、絶えずこの地方に侵攻したペルシャやアルメニア、ロシアの軍隊から国を守った。はるかな昔から、治安の不安はここでは当り前のことだった。人々は剣をちらつかせる輩を避けて、山のなかに暮らした。共和国成立以前には、ドウバヤズトは存在しなかった。三〇年代末、新体制の国境が安定してから、山稜や谷から住民を連れてきて、一から造られたこの町に住まわせたのである。

遠足は大変なことになることが予想される。そこで、大量のトイレットペーパーを携行して、タクシーの運転手と交渉する。宮殿まで他の客は乗せないで連れてゆくこと、そこで私を待ち、ここに連れ帰ることを取り決める。坐ることができないので、後ろの座席に横になり、道路の穴ぼこをなるべく避けるよう念を押したうえで、いざ出発。運転手は、いまさら仕事を教えてもらわんでもいいぞというように、半ばおかしそうな、半ばむっとした口調で、まかせておきなと言う。ところが、百メートルも行かないうちに、体が爆発してしまいそうないやな気分になる。この試練はあまりに辛い。私はいらいらしてきた運転手にホテルにもどるよう頼む。ベッドに横になり、眠ろうとする。一秒一秒が足踏みを続ける。

午をまわると、少しよくなる。そうすると、じっとしていられなくなって、私はまた外に出る。さっきのタクシーの運転手がいる。またやってみようか？　彼はオーケーだ。今度はとてもゆっくり走ってくれる。私は宮殿までのでこぼこ道を行くあいだ、揺れるたびに叫び声をあげまいと歯を食いしばる。到着するや、私はタクシーを飛び出し、運転手には茶を飲ませておいて、宮殿を望むレストランのトイレに直行する。それから、痛む筋肉を叱咤して、可能なかぎり括約筋をつぼめ、尻を締めつけ、小股歩きで見学にかかる。金張りの扉はロシア人に持ち去られて、サンクトペテルブルクの美術館にあるから見られない。宮殿を構成していた三百六十の部屋の大部分は崩れている。それ以外の広い場所は、見学者の立入りが禁止されている。この驚異の建築を文字通り新築同様に造り直しているからである。赤い石の環と白い石の環を交互に積み重ねた縞模様のミナレットと、その隣にあるテュルベ（霊廟）は保存状態がいい。幸いなことに見学者は私ひとりだけだったから、レストランに戻る余裕もないほど切迫してきたとき、宮殿の奥まった片隅に小さなお土産を置いてくることができた。お土産は、やわらかな白亜の壁に刻まれたハート形のなかの「恋するメフメットとファトマ」ほど長くは残らないだろう。

歳月の流れにも、時が石を傷めつけたのにもかかわりなく、昔も今も変らないのは、宮殿から平野を望むすばらしい見晴らしである。私は、城塞の壁の下に広がる広大な領土を前にしばらく夢想にふけった。しばしば、今のように、登り終えたばかりの峠の上から足下に広がるありあまるほどの美しさを、その細部まで味わおうとしてきた。もう違う。悲しいかな、私はいまから車でここを下ることになっている。時間は私の手をすり抜け、時間とともに自分のリズムで風景を味わうという楽しみも去ってゆく。私は自分を叱りとばす。何週間も自動車に乗ることを拒みつづけてきたからといって、一種の「自動車恐怖症」を進ませてしまってはいかんぞ。

小股歩きで宮殿を出ると、運転手は忠実に門の前で待っている。帰り道、運転手はものわかりよく榛《はしばみ》の木立ちの近くに車を停めて、痛めつけられた私の腸のあらたな発作を静めさせてくれる。時間はあっというまに過ぎた。遠足に疲れ、ホテルで私は沈没する。遠出は苦しかったけれど、この長い長い一日をなんとか愉快につぶすことができた。

搬送開始

夜の十時ごろ、救急車が着いた。ふたりの運転手と看護婦は疲れた表情だ。彼らが私にはなんだかわからない料理をうまそうな顔をするでもなく平らげるのを見まもってから、話を決める。彼らが三、四時間寝てから、午前三時に出発する。気難しそうな看護婦が、私の皮膚をつまむ。「脱水状態ですよ、飲まなければだめよ、たくさん飲まなければ」。私は、そうしたいのはやまやまだが、痛みのせいで止ってしまったのか、朝からほとんど小便をしていないのだと打ち明ける。「飲みなさい、そうすればおしっこ出るわよ」。これがおねえさんの宣告で、この結構な励ましの言葉をしおに、われわれは部屋に引き上げた。

三時、降りてゆくと、夜の闇のなか、大きな救急車はもうエンジンをかけていて、ホテルの中庭に軽油の燃えた、吐き気を催させる臭いをまき散らしている。私は担架に寝かされる。看護婦はそばの座席に坐る。私はこのとき気力に満ちていた、などと言えば、間違いなく誇張になるだろう。私はテヘランまでのこの旅行のあいだ、車に乗らないことを自分自身に誓っていた。であるのに、今、恥を捨て、火と燃える腹をかかえ、四本のタイヤに乗っかって道を逆に辿ろうとしている。スシェヒリの少し手前で救急車の運転手が乗らないかと誘ってくれたことと、そのときの皮肉で意気がった自分の返事を思い出す。「いまのところは結構。たぶんまたあとで」。そのとおり私は救急車に乗り、もう冗談も言わず、虚勢を張りもしない。注意深く尻を寝台の上に置きながら、私は、近い将来ここに戻ってくることを心に誓う。夜のあいだ、また計算してみたのだ。パリに帰ってから三週間か一カ月休養をとり、体力を回復すれば、飛行機でひょいとエルズルムに戻り、バスに飛び乗って私が倒れた地点までまっしぐら、なにもなかったかのように旅行を再開することができるだろう。ひとつ、いいことさえある。この予期しなかった遅れのおかげで、イランを通るのは猛暑の過ぎた秋になる。暑さの中では私はただただ苦しむだけだったろう。しかし、いくら薔薇色に絵を描いてみても、絵の出来はよくならず、私は緊急送還という後味の悪さを拭いきれない。

余病併発

この町の舗装してないでこぼこ道に車が乗り出すと、私は思わず声をあげる。腹は固く膨らんで、赤痢の発病以来、これほどの痛みはなかったというほど痛く、タイヤが穴ぼこに落ちると、すさまじい稲妻が走り、体中の筋肉が電撃を食らったようにこわばる。救急車は右に左に轍を避けて、むしろゆっくり走るのだが、ここの通りはどのみち巨大なガレ場にすぎないのだ。出発してから一時間もしないのに、恐ろしい電撃が私の意志を骨抜きにしてしまった。私は苦痛を黙って耐えようと悲壮に決心していたのに、前のよりもっと壮烈な衝撃が寝台を揺らすたびに叫びをあげるのだった。救急車はスピードを落す。この調子では、イスタンブルに戻るのに二日かかる。

私は耐えられるだろうか。ふつうなら私は痛みには我慢強いほうだ。だが、私をぎりぎりとさいなむ腹痛は、余病を併発したようである。激しい下痢が前立腺の腫れを引き起こし、そのため排尿障害が起こってしまった。その苦痛に加えて、私の羞恥心にも傷がつき、それはたちまち腸と同じように具合が悪くなった。名誉の負傷であれば、いまの状況ももっと我慢しやすかったことだろう。ＰＫＫの弾丸であるとか、谷底に落ちての骨折であるとかすれば。月桂樹の冠のように、ギプスを重々しくつけ、血のにじんだ包帯を巻き、堂々と帰ってゆける。だが、銃口は火を吹かなかった。せいぜいのところ、あえて言えばだが、お尻の穴が火を吹いたというところだ。

一時間あまり走ったころ、尿意に勝てず、小便をしてみようと決心する。ややこしいことに、尿意とともに、子供が言うところの「大きなお使い」への欲求が生じてしまう。この四日間、なにも食べていないのだから、どうしてそうなるのか不思議に思う。看護婦はもちろんすべて準備している。彼女は棚から丸い盥《たらい》のようなものを出し、車の後部に据えると、それで間に合せるように言う。私はことさらお上品ぶるわけではないが、自分の局部を彼女にひけらかしたいというわけでもない。彼女にそう言うと、前に行って運転手のほうを向いていてくれる。それから、超人的な闘いが始まった。衰弱しきった私は、立っていてもバランスをとるのに苦労する。それが屈んでとなると、綱渡りなみの曲芸になるのだ。救急車の揺れにつれ、両手でしがみついていても、この走る墓のジグザグ走行や加速のままに右へ左へ振り回される。しかも、威厳があるとはいいかねるが、ともかく安定した姿勢を保つことができると、今度は盥が、ごていねいにもリノリウムのようなものにおおわれ、ダンスフロアのようにぴかぴかつるつるした床の上をするりと滑る。十五分の努力の果て、力尽き、首うなだれて空っぽの盥を返すと、ぐったりとまた横になる。

それから、看護婦と私のあいだに旅行の大半続くことになる闘いが始まる。彼女は、明らかに私が陥っている脱水状態を改善するために、どうしても飲ませたい。私はいやだ。腹を恐ろしいまでに膨らませている、矢も盾もたまらない尿意をすっきりさせられないうちはお断りだ。エルズルムを過ぎると、道路は舗装がよくなって、車の揺れも少なくなる。ときどき停まり、運転手が茶を飲んで交代する。看護婦はあきらめず、私の脱水状態をはっきり見せつけようと意地悪く腕の皮膚をつねってみせ、悪循環の責任は私にあるのだと繰り返す。飲めば、と彼女は言う、脱水症状が治るのだから、小便が出る。私は喉がからからなので、試してみる気になる。茶を何杯かとジュースをひと缶飲む。しかし、腹の中の圧がいちだんと高まったほかは、なんの変化もない。

ときどき床から体を起し、救急車の小さな窓に顔をくっつけて、日々歩行のゆっくりしたリズムで眺めてきた景色が流れるのを見る。見覚えはあるが、同じ景色ではない。町や村は、こんなに速く見たのでは捉まらない。ゆっくりと、やさしく近づかないといけない。

午後に入って、少し眠ることができたが、自分がいまにも破裂しそうな革袋になったような、いたたまれない気分がして、すぐに目を覚ます。腹の皮は隅から隅まで、はちきれんばかりに張っている。またしつこく飲ませようとする看護婦を邪慳に突っぱねる。今度はもう負けない。どこまでも感じの悪いこの女は、この後もう私に言葉をかけることをしなくなった。

フックとケーブルの取り付けられた車の天井を見つめながら、私はこのプラスチックとクローム鋼の世界から抜け出て今後のことを考えようとする。もうすぐイスタンブルだ、そしてパリ、そして我が家。そこには子供たちや友達の顔があり、ノルマンディーの田舎の心休まる静けさがある。数週間すればまた歩けるようになって、冒険に立ち向かえるだろう。余裕をもって取りかかれば、イランのビザは問題ではない。いまの悲惨な状態が始まってから、私は偏執的ともいえる考えにすがりついている。それは、ドウバヤズトの手前、私が倒れたまさにその場所から旅行を再開することだ。あの道、私の前と後ろにつらなるあの丸裸の丘、太陽のもとポプラがふさふさした葉を黄ばませている平原、下を流れる細い川、そして私が突っ伏した道端の草にいたるまで、すべてが写真の正確さで私の記憶に刻まれている。私はその考えに、なにかの約束にすがりつくように、すがりついている。最初の一歩を踏み出すその瞬間、私はこの四日間の悪夢を消し去るのだ。

結局、私はそんなに憐れむほどのことはない。私は治療を受けられる。シルクロードに倒れた商人や駱駝引きは、その場の当てにできない条件のなかで、病気を克服して旅を続けられるようになるのを待つしかすべがなかった。私はもう何時間かすれば、イスタンブルの病院でかいがいしい手当てを受け、栄養を補給され、治してもらえる。

しかし、まだそこまで行っていない。時間がたつにつれ、私は辛抱がなくなる。運転手たちがあんまりのろまに思える。苦痛があまりにも激しくなり、看護婦にモルヒネを射ってくれと要求する。彼女は持っていない。私は叫ぶ。「買ってくれ！」尿閉による圧の高まりが耐えられなくなる。どんな姿勢をとっても——私はあらゆる姿勢を試してみた——いっときも休まらない。拷問にさいなまれ、床の上で身をよじる。看護婦は痛みに効くというクリームを臀部に塗ろうと企てる。私はつながりがよくわからないが、それでよくなるというのであれば、体中に塗ってくれたってかまわない。彼女に尻を見せるのはいやだが、言いなりになる。奇跡の軟膏を塗っても、いっこうによくならない。夜になった。体を起こして景色を眺めるという手さえもう使えない。いまや願いはただひとつ、着いてくれ。「もっと速く、もっと速く」。救急車はいやにのろのろしているような気がする。救急隊の面々は私のことを札付きのやかまし屋と決めつけて、もう返事さえしてくれない。私は道路沿いの病院に立ち寄って、カテーテルで尿を出してもらおうと言ってみる。とにかくこの試練に終りがきてほしい。彼らは私を安心させるように言う、もうすぐ着きますよ。

彼らがでたらめを言ったって、痛みにとらわれた私には、いまどこなのかも、自分がどうなっているかもわからない。日の光があるあいだは腕時計を見られたが、夜、眼鏡なしでは時間の観念さえなくなってしまう。時間は止まり、全身苦痛でしかない私の体の中を呑気に歩きまわり、道草を食ってははらわたを切り刻んでゆく。だんだん交通量が多くなり、イスタンブルが遠くないことを期待させる。ときどき運転手はサイレンを鳴らして、車列のあいだに道を開く。腹はぱんぱんに張りきり、私は起き直りもせずに何度も小便を出そうとする。できることなら、担架の上からこの不吉な姉ちゃんの顔にひっかけてやるのだが、と考えるほど責め苦は品をなくさせてしまう。二、三度、力尽きて、体力の回復に役立つ昏睡に近い睡眠に落ちるが、いかんせん、長くは続かない。身をよじりによじったあげく、苦痛を抑えられる姿勢を見つける。それは担架の上でよつんばいになることだが、そうしていても車が揺れるたびにうめき声をあげる。少しずつ、腸を刺し、膀胱を張りつめさせる痛みに別の痛みが加わる。濡れた感触を伴う尻の焼けるような痛みだ。

救急車が道端に停まる。故障なのか。違う。看護婦が降りて、運転手の一人がその代りにくる。彼女は家に帰るのだ。この厄介な病人に腹を立てているのか、私はもうほとんど意識がないと思ったのか?　いずれにせよ、彼女は私に挨拶をしない。私は彼女が帰っていくのを見て嬉しい。というのは、彼女はイスタンブルに住んでいると言っていたからで、つまり今度は本当に着いたのだ。しかし、この都市は広い。最後の一分一分が果てしなく長い。ボスポラス海峡に架かる橋を渡る。車はサイレンを鳴らし、夜も遅い時間だというのにまだ続く混雑をかきわけて進む。とうとう道を離れ、煌々《こうこう》と灯りに照らされた病院の構内に入る。私はぬけがらのようになり、担架で運ばれ、移動寝台に移され、エレベーターに入れられるままになる。太くてきれいな三つ編みを垂らした、少し太めの金髪の女が、運転手の一人が押す車付きの寝台を病室まで案内する。この二日間の無茶な運転で疲れ切り、早く自分の寝床に入りたい看護人は、さっさと帰ってゆく。片言の英語を話す医者に、症状を説明する。医者は診察するが、私の尻が外気に触れるなり驚きの声をあげる。

「これはなんですか？」

私は、当然のことながら、見ることができない。

「なんのことですか？」

「火傷してますよ！」

「軟膏をつけられたんです」

「ひどいアレルギーを起していますす。薬の名前を覚えていますか？　これはいけませんね……」

踏んだり蹴ったりの目にあったわけだ。少ししてから、医者の一人がカテーテルで尿をとるために戻ってくる。いやな一時。そして、ひとりきりの病室で、ようやくほっとする。ホールで時計を見た。トルコを端から端まで再横断するのに二十三時間かかったわけだ。苦痛が度を越すと、死も怖くなることがこれでわかった。

モルヒネの引き起すやわらかい倦怠感が体を包む。狭い担架の上で揺さぶられつづけた後では、病院の固いベッドも羽毛の寝床のようにふんわりと心地よく感じられる。やっと、眠りに落ちる。

秋に再出発？

目を覚ますと六時だ。少し眠っただけだが、気力を取り戻すには十分だ。二日酔いのときのように口の中がねとねとし、おねしょをしたような不快感がある。憎たらしい看護婦の軟膏が起したアレルギーで、皮膚が腫れてぶつぶつができ、無数の水疱から気味の悪い黄色っぽいリンパ液がしみ出ている。夜の間じくじくしていたのが乾いてシーツを糊付けにした。不愉快きわまりないが、昨日の苦しみに比べれば、かすり傷である。楽観的な気持と、いくらか冗談をいう気分も戻ってきた。人にお見せできる姿ではないが、私は生きていて、太陽は輝き、廊下で立ち働くのが聞える看護婦たちはたぶん美人ぞろいだろう。残念、最初に戸を開けて入ってきたのは、掃除にきた太っちょの小男だ。名前はもちろんメフメット、私のことはまったく目に入らないようだ。日が経つにつれ、親しくなったが、彼の見かけの無関心は実は内気さのせいで、私はそれをとり払ってやることができた。

八時ごろ、白衣の一団が私を診察する。トルコ語で下された診断を、メティン・サヤンというフランス語をまあまあに操る外科医の一人が通訳してくれる。赤痢のせいで診察は痛みを伴った激しい反応を引き起すので、途中で打ち切られた。静脈を除去する手術が必要だ。そのほか、前立腺障害――これは知っていたこと――と奇跡の軟膏によるアレルギーを起こしている。ここに集まったその道の専門家たちは、私が飛行機に乗り、パリですぐに手術を受けられる状態になるまでには数日かかると判断する。今のところ、私はまず体力をつけなければならない。イスタンブル―パリ間の四時間の飛行を耐えるには、私はあまりにも弱りすぎているからだ。

医者たちが出ていったあと、私は見事な精神的落ち込みに自分を引きずり込む。手術だって？　そうなれば数週間の入院と療養が必要だ。私の運動能力は、そんなに長いあいだじっとしていたのではゼロに近くなってしまう。手術後の回復を果し、さらに最小限必要なトレーニングを終えたときには、ユーフラテス河の橋の下をたっぷりと水が流れてしまっているだろう。八月末にはドウバヤズトから絹の道に再出発するという私の計画は、今となってははなはだ覚束ない。しかし、いちばん気になるのは、前立腺のことである。来年は砂漠の中を歩かなければならないのだから。

面会にきたギュネイ博士――ＩＭＡの支部代表――は根っからの楽天家だ。

「あなたのは前立腺そのものの異常じゃなくて、たぶん前立腺炎でしょう、つまり一時的な現れですから、すぐになくなりますよ。ほかのことも治してくれますよ。ここのワタン（祖国）病院は、非常に優秀なスタッフを擁しているんです。四日後のパリ行きのチケットを取っておきますね」

彼の診断が正しいと思いたい。これからずっと前立腺障害に苦しまなければならないという見通しはぞっとしないから。年とることの難しさは、こうした小さなこと、どれひとつとしてそれ自体は大したことではない肉体的な兆候の集まりによるところが大きい。視力が落ち、膝の曲りが悪くなり、腰痛がつきまとい、残んの髪が抜けたり白くなったりして、関節症の兆しが現れる……これらの小さな故障が、「終の住処《ついすみか》」――私は馬鹿げた表現だと思うが――に至るまでの曲りくねった道に現れ、点々と道標を立ててゆくのだ。中断された旅行手帳に、戦いの計画を走り書きする。パリに帰る、すぐに手術を受ける。二カ月後には、再出発できる状態になる。寒さがもどり、初雪が降る前に山岳地帯を抜けられるよう、九月十五日前後には絶対に動き出さなければならない。標高二千二百メートルでは、雪が早いのだ。

十月末には、遅くても十一月十五日には、私はテヘランにいる。

うれしい見舞い

美しいラビアの見舞いを受ける。幸せ者のレミともうじき結婚するトルコ人の友達だ。友人がきてくれ、気心の知れた相手に会うのはここ二カ月以上もなかったことだし、ひさしぶりにフランス語でおしゃべりができるとあって、私は心がはずんでくる。ラビアはおじいさんがクルド人で、東部のどこかの族長だったと言う。彼女も戦争状態が終り、アナトリアの経済的発展がついに東部地方にも平和と繁栄をもたらすことを願っている。ひょっとすると、と私は言う、オジャラン裁判は紛争を終結させるまたとない機会になるんじゃないか。しかし、国会議員たちが、トルコ人からもっとも憎まれると同時にクルド人からはもっとも愛されている男の死刑に反対するには、よほどの政治的センスと勇気が必要だろう。

彼女の結婚式は宗教色のないものだそうで、その話のついでにムスリムの結婚式について聞いてみる。それは簡単なもので、三人が出席して行なわれる。新郎新婦と第三者、証人のような役でイマームが務めてもいいが、そうでなくてもいい。証人が新郎に尋ねる。「この女の価値はいかほどか?」ある値段が金貨の単位で答えられる。これで結婚成立。将来、夫が心変りしたら、つぎの文句を三回唱えればいい。「出て行け」。これで離婚成立。男にとって唯一の義務は、結婚式のさいに自分が定めた値段を払うことである。

風のように行くじいさん

私はシルクロードについての計画を書き散らして時間を過ごす。楽観の発作（ちょっとがんばれば、もうすぐ出かけられるさ、という類）と悲観の発作（おまえはもうじいさんなんだから、これからは団体旅行で我慢するしかないぞ、という類）の合間に、私は頭を静めてくれる病院の雰囲気に浸りつつ、掛け値なしの総決算をしたり計画を立てたりする。私のかかった赤痢は、わかりきったことだが、悪い水か食べ物をとったことによる。あのディヤディンのぬるぬると汚れたレストランのことが頭から離れない。もう間違いない、床の掃除をすることになっているやつが食器洗いも任されていたのだ。ここ数週間の経験は、これからは気を抜かずに用心しなければいけないことを教えてくれる。私は、日によっては、自分の抵抗力を少し買いかぶりすぎたようだ。言うまでもなく、私のような疲労状態にあれば、私と同じようにアナトリアの高地を徘徊していたどんなウイルスや黴菌も、私を魅力的に思ったにちがいない。最初にすれちがったアメーバと血の婚礼とあいなったわけである。自分の力を過信した。なぜか？　老いを逃れたいからか？　人に、そしてまず自分自身に、私はまだ「若者」であることを示して見せるためにか？　そうかもしれない、どれもが正しいかもしれない、私としてはそんなことは何ひとつ意識していなかったと言えるが。

正直に認めよう。目的地であったテヘランまで行かなかったのだから、一回戦は負けだ。だが、試合はまだ終っていない。なにはともあれ、今年歩き抜いた千七百キロメートルは、私にはエネルギーも耐久力も不足のないことを証明している。中国に行くまでの分は十分に残っている。この長い歩き、この長い孤独な旅で、去ってゆくのは生であり、向かってくるのは死だ。前者はまだいくつか勝ち星を拾える。後者が結局勝つことがわかっているにせよ、だ。それまで、からかってやるのさ。それに、私は一万二千キロの旅の始まりにいるのでしかない。

こう考えるうちに、去年コンポステラの道でのある晩、ル・ピュイ・アン・ヴレのすぐ先の宿で印象的な出会いをした小男のことを思い出した。彼は私に言った。「七十六歳になって、力が衰えてゆくのを感じるんだ。それで力が残っているうちに、どうしてもやりたいことを片づけているわけだ。今年はコンポステラの道、来年はモンブラン登山。そしたら後は、できることをやるだけさ」。コンクまで私が先だったが、そこで私が一日休養をとったので一緒になった。彼は靴に問題があったのだが、それも解決していた。調子はとてもよさそうだった。彼は先に出発し、私は最後まで追いつけなかった。ときどき宿で、風のように行く小さなじいさんのことを聞くことがあった。

旅の総決算

中国まで行きたい。そして、愛するみんなのために、村の小さな墓地で私を待っている私のペネロペーのために帰ってきたい。後は、できることをするのだ。生は、前にあって、後ろにあるのではない。この旅行の準備と実現は胸躍る新発見の連続であり、新しい生への生れ変りとなった。トルコで歩いた千七百キロの端から端まで、この不本意な中断は予期していなかったとはいえ、私の旅はいまもひとつの驚異である。辺鄙な村からエルズルムの大学まで、あんなにも歓迎してくれた、あんなにもたくさんの人々に出会い、私はこうしていても目のくらむ思いがする。歴史豊かなこの地を歩いて私は世界と和解した。道の両側を数多の亡霊がついてきた。トロイア戦争の英雄たち、金羊毛、オスマン帝国、「神の懲罰」たるティムールの軍勢、「ゴルディオスの結び目」の発明者であるゴルディオスとその息子、その結び目を一刀のもとに両断したアレクサンドロス大王、ユリウス・カエサル……。みな、神話と現実のはざまに現れ、私の一歩一歩に、私の思いのひとつひとつに供をした。風景はといえば、あの広大な広がり、山々、目くるめく谷間、岩壁にはさまれた隘路、自分のどた靴で踏みしめたステップ、あれらの飾り気のない美しさは、すべて網膜に焼きつき、刻みこまれている。

豊かな過去をもつこの土地は私を熱狂させるとしても、現在のトルコにはむしろ批判的だ。アタテュルクとともに始まった革命は、とてつもない貧富の差と宗教の遍在に阻害された社会の中で身動きならず、行き詰まったままだ。西部の金持はヨーロッパ人よりも西欧的であろうと欲する。東部の貧者は宗教かゲリラに救いを求める。この国にはもうひとりのアタテュルクが必要なのだろうが、今日のトルコはそのひとりを生み出せるだろうか。それは、私が判断し得たかぎり、トルコが「ヨーロッパの病人」であったときのスルタンの社会がそうであったように、閉塞した社会である。硬直のあまり、当時の体制は自らの矛盾を解決できなくなって崩壊した。今日トルコは、自分の位置する東洋と自分の入りたい西洋の間でまさしく引き裂かれている。多くの矛盾する力、ヨーロッパ志向、保守的な社会、極端な愛国主義、粗暴な軍国主義的伝統、宗教的自閉に引きずられ、国家はぐらつき、躊躇し、行き先を探している。

この国にとっては、旧ソ連邦のテュルク諸語圏の国々が経済と外交を拡大するための絶好の舞台となり得るのだが、トルコはその可能性を十分に生かしているようには見えない。東に位置するのか西に位置するのか決めるために、トルコはまず痛みをともなう改革に手をつけなければならない。アジアは、地理学者の教えるようにボスポラス海峡の向う側から始まるのではない。どこの家でも、西欧化し教養を得た男たちと、日々の労苦に縛りつけられ、知識から遠ざけられた女たちとのあいだに断絶がある。イスタンブルやアンカラの学校を出て髪を風になびかせた娘たちと、トルコ系にせよクルド系にせよ、中世的な部族的社会構成の村々の無知でベールをまとった女たちとの間には深淵が開いている。

国内に本当の論議が起れば、トルコが自らのポジションを再定義するきっかけになるかもしれない二つの重要な出来事があった。第一は、トルコのEU加盟に対するヨーロッパの数度にわたる拒絶が、世論と政界を大きく揺り動かしたことである。第二はオジャラン裁判である。このふたつの事件は、その当然の結果として、クルド人との国内平和、ギリシャとの国外平和という問題を投げかける。トルコ人にとって歴史的なふたつの敵だ。ふたつの問題の暴力による解決——軍の推奨する方策——の誘惑は、孤立を深め、貧困をふやすことにしかならない。オジャランの死刑不執行と一九九九年八月にイズミット地方を襲った大地震のさいのギリシャとの接近とが、ふたつの希望のよりどころである。

もちろん、歴史的な脈絡から離れた西欧人である私にとって、言いたい放題の批判をするのは簡単だ。私はそんなことはしないようにしているつもりだ。なぜなら、結局なにが私にわかるだろう？　あの恵まれない村々になにをいったい探しに行ったのか。私は、貧しい人たちにはどうでもいい過去を探しにでかけた。彼らはなによりも持っていないものに敏感なのだ。そして、物持ちの西欧人たる私は、彼らの持っていないものを持っているのに、それを捨てようとする。

ワタン病院の四百七号室で、私は思索し、旅を振り返り、つぎの旅を準備し、私を待つ道をノートに描く。出発したとき、私は世界の懐に入りたかった。しかし、世界は懐に入ることを許してくれるだろうか？　道の果てに私は智慧を見つけるだろうか、それとも死が私を捕らえるまで、智慧がやってくるのを徒《いたずら》に待つことになるのだろうか？　気質からして、また必要に迫られて活動的な人間であった私は、この自分で線を引いたのろさの道で、沈黙、内省、魂の静謐を探さなければならない。もちろん、一度に見つかりはしない。西安の城壁の陰に隠れていて、私の到着を待って姿を現すのでもない。それは道の上、小径や街道で、町で、人との出会いを重ね、私がまだ歩きたいと願っている何百万歩を進むうちにやってきて、人生という建物に心静かに最後の石を置けるよう手伝ってくれるのだろう。

私以前に、シルクロード全体を徒歩で踏破した者はいない。マルコ・ポーロなみだね、とおっしゃるかもしれない……。しかし、私はことさら快挙や手柄を狙っているつもりはない。むしろ、自分の人生が何であったかをゆっくり反芻するようにしている。かねて久しく自分を探してきた私だが、旅は私の本当の姿を明かしてくれたのか？　私は以前と変っていないと素直に認めないわけにはいかない。けれども、閃きのように永遠の観念に手が届いたと感じることがある。おやおや、ずいぶん大袈裟な物言いだ、とおっしゃるかもしれない。しかし、視線が迷うほど広大なアナトリアのステップは、ふと神のようなものに触れられる夢想に向いているのである。それに、別のこともある。私がずっとしてきたように、ぎりぎりのところで死と戯れようと願い、そのことをよくよく振り返って考えてみるならば、無限の扉が開くのは意外に早いものなのだ。

ひとりきりの日々を過してきて、ひとは努力、逆境、並はずれた状況の中で初めて本当に自分自身になるということが確認できた。しかし、禁欲主義者の私が、またしても快楽主義者であることを願う私に勝ってしまった。本当ののろさは、なりゆき任せにしてこそだ。私は風まかせにすることがあまりなかった。旅立つ前から行程、宿泊地、見学場所……すべてを計画してあった。今日、私はドゥバヤズトとサマルカンドのあいだは予定を立てないことを自分に誓う。

サマルカンド……本を読むようになって以来、私の夢を離れないこの都市は、その名の響きだけで勇気を与えてくれる。そこに至るまで、またアナトリアの山々、蚊の大群におおわれた沼地に立ち向かい、テヘランを通り、一木一草とてない荒々しい砂漠を横切り、気のふれた暴君の影が今もうろつくブハラに逗留することになる。

数時間すると、飛行機が私をパリに連れ去る。だが心は、もうひとつの人生で私が倒れたドゥバヤズトの道端、まさにあの場所に残ったままだ。数週間後には、あるいは思ったより体がこたえているなら数カ月後には、また私の忠実などた靴の跡をそこにしるすだろう。そして東を向いて、杖を取り上げ旅を再開する。見知らぬ一万キロを前にして。

訳者解説

本書の著者、ベルナール・オリヴィエは、一九九九年から二〇〇二年までの四年をかけて、トルコのイスタンブルから中国の西安まで、一万二千キロにおよぶシルクロードをたったひとりで歩きとおした。一度では無理なので、全行程を四つに分け、毎年三千キロほどを歩いたのである。本書は、その一年目の旅の記録の全訳である（Bernard Ollivier, *Longue marche*, I. Traverser l'Anatolie, Phébus, Paris, 2000）。

シルクロードの旅に最初の一歩を踏み出したとき、著者は六十一歳の年金生活者だった。なんと無謀な、と誰もがいいそうなこの企てに至る経緯は、巻頭の「日本の読者へ」で語られている。本文でもいちおうの説明はされているが、今回、日本語版のために特に書いてくれたこの序文では、自殺を考えたことや遺書のことに触れられ、より踏み込んだかたちで事情が明かされている。

歩くことと、孤独や自然の尊重にかけて、そして人間本来のあり方を探し求める反時代的な「変人」として、著者の同志の一人といえそうなヘンリー・デイヴィッド・ソロー（一八一七—一八六二）は、『ウォーキング』のなかでこう書いている。

「たまには、たゆまぬ冒険心を胸に……（中略）……たとえ短くても戻ることなど考えずに徒歩旅行におもむくべきだ。両親や兄弟、妻子や友人から離れ、二度と会わない覚悟を決め、借金を完済し、遺言をし

たため、問題をすべて片付け、一人の自由人となってこそはじめてウォーキングにでかけることができる」（大西直樹訳、春風社）

まさにこれこそ、イスタンブルのウスキュダル地区から、はるか西安をめざして第一歩を踏み出した著者オリヴィエの覚悟ではなかったろうか。

四年間の旅の行程は以下のとおりである（巻頭の地図参照）。

一九九九年――トルコ西端のイスタンブルを出発し、トルコ内陸部を横断。イラン国境を目前にしたところで病に倒れ、旅の中断を余儀なくされる。この年の目的地はイランのテヘランだった。

二〇〇〇年――前年に旅を中断した地点（トルコ東端の路上）から歩き始めてイランに入り、タブリーズ、テヘラン、マシュハドを経由した後、トルクメニスタンに入国。酷暑のなか、砂漠を歩き、ウズベキスタンへ。ブハラを経て、少年時代からの憧れの都、サマルカンドに至る。

二〇〇一年――サマルカンドを出発し、ウズベキスタン東北部、ついでキルギスタンを通って、中国のカシュガルに達する。タリム盆地の北縁と天山山脈南麓のあいだを縫う天山南路をたどった後、トルファンに至る。

二〇〇二年――トルファンを発し、天山北路から河西回廊にかけてのハミ、玉門、蘭州などを経て、最終目的地の西安に至る。

前述したように本書は一九九九年の旅の記録で、本は翌二〇〇〇年の春に刊行された。二〇〇〇年の旅は、『サマルカンドへ』と題されて翌二〇〇一年に、つぎの二年間の旅は『ステップの風』という題のもと、一冊にまとめられ、二〇〇三年に出版された。つまり、はじめの二冊は、著者の旅がまだ進行中の段階で読者の手に届いたのである。その結果、二年目の旅に出る前には、たくさんの読者から励ましの手紙が寄せられた。本を読んで、著者が子供たちへのお土産としてピンバッジを持っていくことを知り、自分のコレクションをどっさり寄贈してくれる人たちもいた。

また、二〇〇一年の旅では、カシュガルに通じる道を歩いていると、ミニバスから降りてきた見知らぬ旅行者に、「オリヴィエさんではありませんか」と声をかけられる。その人は旅行に著者の本を携えてきて、読みふけっていたというのである。本のなかで徒歩旅行をしている人物が、ふと見ると、目の前を歩いているという、奇妙な事態であった。自分の旅行記を読んでくれ、その続きが出るのを待っている、こうしたたくさんの読者の存在は、長い旅のあいだに、ともすれば挫けそうになる気力を支える大きな力になった、と著者はいっている。

ここで著者の略歴を紹介しておこう。

ベルナール・オリヴィエは一九三八年一月十一日、フランス北部、ノルマンディーのマンシュ県にあるガテモという小村に生まれた。父は石工、七人の子供を抱える貧しい家だった。父親は文字が読めず、母親もなんとか手紙が読めるくらいだったという。

十六歳で学業を離れ、建設労働者として働きはじめる。その後、さまざまな職を転々とする――港湾労働者、レストランのギャルソン、セールスマン、自動車修理工……。その間、十八歳のとき結核で一年間の入院生活を送る。退院後、スポーツで健康を回復し、二十歳から働きながら通信教育を受けて、二十六歳でバカロレアを取得。ついでジャーナリスト養成所の免状を得て、以後十五年間を政治記者、つぎの十五年間を経済・社会記者として、ACP（通信社）、『パリ・マッチ』誌、『コンバ』紙、第一チャンネル（テレビ）、『フィガロ』紙、『ル・マタン』紙などで働いた。五十歳のころからテレビの脚本も何本か書いている。

四十五歳でそれまで毎日二箱吸っていた煙草をやめて、マラソンに取り組み、仕事のかたわら、ニューヨーク・マラソンをはじめ二十回ほどマラソン大会に参加した（本人は自分は特別ではなく、だれでもやればできる、と言っている）。

しかし、五十一歳のときの妻の死でうちのめされ、さらに六十歳での定年で前途の希望を失い、ひどく落ち込んでしまう。それでも、サンティアゴ・デ・コンポステラの巡礼の道を歩くことを決意。歩くことで生きる力を取り戻すとともに、歴史的な道を歩くことの喜びを発見し、翌年には壮大なシルクロードの単独徒歩旅行に旅立った。その旅が『ロング・マルシュ』という本に結実し、思いがけない成功を手にする。一般には無名であったベルナール・オリヴィエだが、フランスを代表する新聞『ル・モンド』の権威ある書評欄で大きく取り上げられ、にわかに脚光を浴びることになったのである。この旅行記は外国でも注目され、イタリア語、オランダ語、韓国語、スペイン語、ドイツ語に翻訳されている。

著者は、以後も精力的に執筆を続けるとともに、非行に走った若者たちを歩くことによって立ち直らせる活動に取り組み、わずかずつではあるが、着実な成果を上げている。これはもともとベルギーで行なわれてきた活動に範をとったものだが、「通常の収監では再犯率が非常に高く、費用の面でも高くつく。

長い距離を歩きとおすことで誇りをもち、立ち直ることができる」というのが、自分自身、歩くことで立ち直った経験をもつ著者の主張である。この活動のために「スイユ」という組織を創設し、徒歩旅行記の印税をその運営費に充てている。

著者の社会活動についての考え方がよくわかるインタビューがあるので、少し長いが引用したい（二〇〇七年、『ラ・ヴィ』誌のインタビュー）。

――あなたは年金生活が人の役に立つべきだと言っていますね。年金生活者には当然与えられるべき休息の権利があるのではありませんか？

「人間はだれでも社会と関わりあっていなければならない。そう私は確信しています。頭も体も元気なら、どんなにわずかであれ、他の人たちになにかをもたらすべきです。年金生活者は働かずに収入を得ているのですから、生活保護を受けているようなものです。ところが、私は生涯、交換をするべきだと思うのです。私は受け取る、ゆえに私は与える」

――年金生活者は働いているあいだ、ずっと分担金を払ってきたのですよ。保護を受けているとはいえません！

「『私はずっと分担金を払ってきたのだから、年金をもらう権利がある』というのはフランスの制度では間違った主張です。われわれは親たちの年金を払うために分担金を負担してきたのです。親たちはわれわれのために働いてくれたのですから、われわれにはそうする義務があります。だれもが他の人たちに対して負債を負っているのです。私としては、自分が十分に払ったとは思えません。

私の世代はたくさん受け取ったし、私は何度でもありがとうと言いたい。しかし、なにかがうまく行っていない。政治・経済の分野でジャーナリストをやってきましたから、私は事情に通じているほうでした。地下鉄のホームレスたちをめぐる短編小説集を書いたくらいです。それでも、若者たちに関心を持ち始めると、衝撃的な現実にぶつかりました。貧困の極に落ち、展望を持てない若者たちが実にたくさんいる。しかも、彼らを立ち直らせようとして膨大なエネルギーが無駄に使われている。ある人たちには実にすばらしく、ある人たちにはひどく辛いこの世界、私は市民としてそれをつくるのに力を貸してきました。私が選挙権を得てから職業生活を終えるまでのあいだにこういう世界になったのです。私はこの不名誉な事実から逃れることはできません。私は無自覚とか甘い見方といったものの償いをしていかなければならないのです」

つぎにシルクロード旅行記以外の著作を見てみよう（出版元はいずれも本書の原著と同じくフェビュス社）。

『どん底物語』（二〇〇一年）　パリの地下鉄構内に暮らすホームレスたちを主人公にした短編小説集。

『ロング・マルシュ日誌』（二〇〇五年）　水彩画家と『ロング・マルシュ』の行程を車で辿り直した絵入りの本。

『マッチと爆弾』（二〇〇七年）　大都市郊外に暮らす若者たちが、失業、貧困、差別、格差、家庭内の問題などに苦しみ、非行に走ったり、ときとして暴動まで引き起こす現状と、その解決策を論ずる。

『人生は六十歳から』（二〇〇八年）　六十歳で生まれ変わり、新しい充実した人生を歩むことになった著者自身の体験をもとに、老年期の生き方を考えるエッセー。

『ロワール河の冒険』(二〇〇九年)　シルクロードの単独徒歩旅行を終えて六年後、七十歳になった著者が、フランス中央部を流れ、大西洋に注ぐフランス最長(約千キロ)の河をひとりカヌーで下る。何度も転覆したり、危ない目にも遭うが、フランスにも旅人をもてなす心が残っていることを確認し、すてきな人々との出会いを楽しむ。

『世界を手玉にとったローザの物語』(二〇一三年)　二十世紀初頭のノルマンディーを舞台にした長編小説。男たちの暴力的支配に苦しんだ女性が、ある策略をもって男たちに復讐を果たす。本書を読んでもわかるとおり、著者はシルクロードの旅の行った先々で、男性優位の社会のなかで女性がおとしめられていることにしばしば言及し、憤慨するが、この小説の構想はその旅の途上で得られたものだという。

『公爵たちの道で』(二〇一三年)　故郷のノルマンディーのルアンからモン・サンミシェルに至る、あまり知られていない巡礼道を、いままで一人歩きにこだわっていた著者が、今回初めて道連れとともに歩いた旅行記。


こうして見てくると、著者の六十歳以後の人生の開花が見てとれて、「老いてますます壮《さかん》」とは、この人のために誂えられた言葉ではないかと思えてくる。本書の読みどころのひとつも、著者の老いとの向き合い方にあって、社会全体も自分自身も、これからますます老いに直面せざるをえないわれわれにとって、大きな励ましとなるだろう。

だが、いうまでもなく、本書の魅力はそれに尽きるのではない。まず、トルコの人々とのすばらしい出会いがある。木こり哲学者のセリム、老知識人のベヒチェト……。著者と同じく、大学など行かずとも、独学でりっぱな教養を身につけ、学ぶことを楽しんでいるこれらの人たちは、とりわけ鮮烈な印象を残す。そのほかにも、伝統にしたがって、見知らぬ旅人を客人としてもてなし、寝床と食事を提供する、たくさんの親切で愉快な人々がいる。

こうした出会いは、もちろん偶然のものだけれど、著者が探し求めた結果だともいえる。できるだけ幹線道路を離れ、静かな田舎道を歩く、という著者が選んだ旅行の仕方がもたらしたものだからだ。この点で、ソローとともに著者の仲間であり、先達でもあるのはジャン＝ジャック・ルソーである。ルソーは『エミール』のなかでこう書いている。

「それほど動きがなく、商業も盛んでないところ、あまり外国人が来ないところ、住民の移動が少なく、財産や身分の変動が少ないところ、そういう辺鄙な地方にこそ、その国民の精神と習俗を研究しに行かなければならない。首都は通りすがりに見物するがいい。そして、遠くへ行ってその国を観察するがいい。フランス人はパリにはいない、トゥーレーヌにいる」(今野一雄訳、岩波文庫)

そして、本書の魅力の核心といっていい「歩くこと」についても、ルソーはやはり『エミール』のなかでこういっている。

「わたしには、馬で行くよりも愉快な旅のしかたは一つしか考えられない。それは歩いて行くことだ。わたしたちは、都合のいいときに出発する。好きなときに足を休める。……(中略)……わたしは馬や御者の都合にしばられない。ちゃんとした街道、らくな道を選ぶ必要はない。一人の人間が通れる道ならどこでも通って行く。人間に見られるものはなんでも見る。そして、自分の意志だけで動けるわたしは、人間がもつことのできる自由を完全にもっている」

ルソーはさらにいう。

「目的地に着くことだけを願っているなら、駅馬車で急ぐのもよかろう。しかし、旅をしたいと思うなら、歩いて行かなければならない」

これは、もちろん自動車などない十八世紀の言葉だ。いまや自動車、鉄道、はては飛行機までできて、短時間で、便利に遠くまで行ける時代になったが、どういうわけか、われわれはますます忙しく、気もそぞろで、旅に出ても、「見ることになっているものを見る」だけになっているのが実状ではないだろうか。しかし、たとえば「おくのほそ道」に旅立った芭蕉は、「痩骨の肩にかかれる物、まず苦しむ」と荷物の重さにあえぎ、苦労しながら少しずつ歩いて旅したからこそ、見えていなかったものが見え、それまで誰も見たことのない結晶のような句を残せたのではないだろうか。

思えば、昔の人はよく歩いた。そもそも人類は六万年前に誕生の地アフリカを出て、ヨーロッパ、アジアはいうに及ばず、北アメリカを南下し、南アメリカの先端にまで達した。その長い旅のほとんどは、たぶん裸足で、歩いていったのにちがいない。そして、つい百年ほど前までは、日本人もどこまでもてくてく歩いていくのが当たり前だったのだ。いったい、なにがどうなってしまったのだろう？　こんなふうに考えてくると、ソローの言葉がごく真っ当な感じ方に思える。

「少なくとも一日四時間は森や丘、野原でのソンタリング〔そぞろ歩き〕に費やし、世の中のすべてのしがらみから完全に自由にならなければ、健康と精神を保つことはできないという感じがする」（『ウォーキング』）

さて、本書はいまから十四年前の旅の記録である。トルコの最近の経済発展はめざましく、この十四年間で生活も風景もずいぶん変わったことだろう。本書の記述は、現状にそぐわないところがあるかもしれない。

いちばん大きな変化は、今年（二〇一三年）の三月二十一日に起こった。春分の前後はトルコ、イラン、イラクにまたがって暮らすクルド人にとって新年の始まりを祝う祭日である（トルコの隣国イランでも春分の日から新年が始まる）。トルコのクルド人にとっての首都ともいわれる東南部のディヤルバクルに集まった大群衆を前にして、終身刑で服役中のＰＫＫ（クルド労働者党）の党首で、いまもクルド人のリーダーと仰がれているオジャランの声明文が代理人によって読み上げられた。その内容は、今後いっさいの武装闘争を放棄し、ＰＫＫの武装勢力はトルコの国境の外（イラク北部を指す）に撤退すると宣言するものだった。

これによって、三十年におよび、四万人以上の犠牲者を出したといわれる、クルド人武装勢力とトルコ政府側との内戦状態に終止符が打たれることになった。現在、武装勢力の撤退が進行中である。まだ完全に和平が定着したわけではないが、オジャランの声明にはエルドアン首相率いるトルコ政府との合意があったと思われ、大いに希望が持てる。

本書では、いたるところに見られる戦争の影や、頻繁な検問、テロの恐怖などが描かれているが、それも昔話となる日が遠くないと信じたい。

ところで、「日本の読者へ」の冒頭で触れられているとおり、著者よりも先にシルクロードを歩きとおした日本人がいる。その一人は二十代のとき、二年半をかけて一度に歩きとおした大村一朗氏である。もう一人は、四十代のとき、正確には歩きとおしたのではなく、走りとおした中山嘉太郎氏である。二人とも、その旅を本にまとめているので、本書に興味をもたれた方には、ぜひつぎの二冊もおすすめしたい。

大村一朗『シルクロード　路上の９００日』（めこん、二〇〇四年）

中山嘉太郎『シルクロード９４００km　走り旅』（山と溪谷社、二〇〇四年）

＊　＊

われわれの翻訳がこうして本になるまでには長い時間がかかった。その間、お力添えをいただいた方々にお礼を申し上げたい。また、日本語版への序文と、原著にはない貴重な写真を提供してくださった著者のオリヴィエ氏に敬意と感謝の意を表したい。

最後に、本書の意義を認め、刊行を決断してくださった藤原書店の藤原良雄社長と、編集作業に当たり、美しい本に仕上げてくださった山﨑優子さんに心からの感謝を捧げたい。

二〇一三年六月

訳　者

著者紹介

ベルナール・オリヴィエ（Bernard Ollivier）

1938年、ノルマンディーのマンシュ県の小村ガテモに生まれる。父は石工、7人の子供を抱える貧しい家だった。16歳で学業を離れ、建設労働者として働きはじめる。その後、さまざまな職を転々とする（港湾労働者、レストランのギャルソン、セールスマン、自動車修理工ほか）。その間、18歳のとき結核で一年間の入院生活。退院後、スポーツで健康を回復、20歳から働きながら通信教育を受け、26歳でバカロレアを取得。ついでジャーナリスト養成所の免状を得て、以後15年間を政治記者、次の15年間を経済・社会記者として、ACP（通信社）、『パリ・マッチ』誌、『コンバ』紙、第一チャンネル（テレビ）、『フィガロ』紙、『ル・マタン』紙などで働いた。50歳頃からテレビの脚本も何本か書いている。

45歳でそれまで毎日二箱吸っていた煙草をやめ、マラソンに取り組み、仕事のかたわら、ニューヨーク・マラソンをはじめ20回ほどマラソン大会に出場。

51歳のときの妻の死に加え、60歳での定年で前途の希望を失い、ひどく落ち込んだが、サンティアゴ・デ・コンポステラの巡礼の道を歩くことを決意。歴史的な道を歩くことの喜びを発見し、翌年には壮大なシルクロードの徒歩旅行に旅立った。その旅が『ロング・マルシュ』という本に結実。

以後も精力的に著作を続けるとともに、歩くことによって非行に走った若者たちを立ち直らせる活動に取り組む。この活動のため「スイユ」という組織を創設、『ロング・マルシュ』の印税をその運営費に充てる。

著書に、『ロング・マルシュ Ⅰ　アナトリア横断』（本書、2000）『ロング・マルシュ Ⅱ　サマルカンドへ』（2001）『ロング・マルシュ Ⅲ　ステップの風』（2003）『どん底物語』（短編小説集、2001）『マッチと爆弾』（大都市郊外の若者たちの惨状を論ずる。2007）『人生は六十歳から』（2008）『ロワール河の冒険』（2009）『世界を手玉にとったローザの物語』（長編小説、2013）ほか（出版社はすべてフェビュス社）。

訳者紹介

内藤伸夫（ないとう・のぶお）
1954年生。東京大学文学部仏文科卒。スイス、ローザンヌの近くのモルジュで書店を個人経営。邦訳にジャン・エシュノーズ『稲妻』（近代文藝社近刊）、仏訳に廣松渉「意味論研究覚書」（共訳、« Philosophie » 誌、2013年春季号）。

渡辺純（わたなべ・じゅん）
1954年生。東京大学文学部露文科卒。校正業。著書『ビール大全』（文春新書）ほか。

ロング・マルシュ　長《なが》く歩《ある》く——アナトリア横断《おうだん》

2013年6月30日　初版第1刷発行©

訳　者　内藤伸夫
　　　　渡辺　純
発行者　藤原良雄
発行所　株式会社 藤原書店
〒162-0041　東京都新宿区早稲田鶴巻町523
電　話　03（5272）0301
ＦＡＸ　03（5272）0450
振　替　00160-4-17013
info@fujiwara-shoten.co.jp

印刷・製本　音羽印刷

落丁本・乱丁本はお取替えいたします
定価はカバーに表示してあります

Printed in Japan
ISBN978-4-89434-919-3

7　金融小説名篇集

吉田典子・宮下志朗 訳＝解説
〈対談〉青木雄二×鹿島茂

ゴプセック——高利貸し観察記　*Gobseck*
ニュシンゲン銀行——偽装倒産物語　*La Maison Nucingen*
名うてのゴディサール——だまされたセールスマン　*L'Illustre Gaudissart*
骨董室——手形偽造物語　*Le Cabinet des antiques*

528頁　3200円（1999年11月刊）◇978-4-89434-155-5

高利貸しのゴプセック、銀行家ニュシンゲン、凄腕のセールスマン、ゴディサール。いずれ劣らぬ個性をもった「人間喜劇」の名脇役が主役となる三篇と、青年貴族が手形偽造で捕まるまでに破滅する「骨董室」を収めた作品集。「いまの時代は、日本の経済がバルザック的になってきたといえますね。」（青木雄二氏評）

8・9　娼婦の栄光と悲惨——悪党ヴォートラン最後の変身（2分冊）

Splendeurs et misères des courtisanes

飯島耕一 訳＝解説
〈対談〉池内紀×山田登世子

⑧448頁 ⑨448頁　各3200円（2000年12月刊）⑧◇978-4-89434-208-8 ⑨◇978-4-89434-209-5

『幻滅』で出会った闇の人物ヴォートランと美貌の詩人リュシアン。彼らに襲いかかる最後の運命は？「社会の管理化が進むなか、消えていくものと生き残る者とがふるいにかけられ、ヒーローのありえた時代が終わりつつあることが、ここにはっきり描かれている。」（池内紀氏評）

10　あら皮——欲望の哲学

La Peau de chagrin

小倉孝誠 訳＝解説
〈対談〉植島啓司×山田登世子

448頁　3200円（2000年3月刊）◇978-4-89434-170-8

絶望し、自殺まで考えた青年が手にした「あら皮」。それは、寿命と引き換えに願いを叶える魔法の皮であった。その後の青年はいかに？「外側から見ると欲望まるだしの人間が、内側から見ると全然違っている。それがバルザックの秘密だと思う。」（植島啓司氏評）

11・12　従妹《いとこ》ベット——好色一代記（2分冊）

La Cousine Bette

山田登世子 訳＝解説
〈対談〉松浦寿輝×山田登世子

⑪352頁 ⑫352頁　各3200円（2001年7月刊）⑪◇978-4-89434-241-5 ⑫◇978-4-89434-242-2

美しい妻に愛されながらも、義理の従妹ベットと素人娼婦ヴァレリーに操られ、快楽を追い求め徹底的に堕ちていく放蕩貴族ユロの物語。「滑稽なまでの激しい情念が崇高なものに転じるさまが描かれている。」（松浦寿輝氏評）

13　従兄《いとこ》ポンス——収集家の悲劇

Le Cousin Pons

柏木隆雄 訳＝解説
〈対談〉福田和也×鹿島茂

504頁　3200円（1999年9月刊）◇978-4-89434-146-3

骨董収集に没頭する、成功に無欲な老音楽家ポンスと友人シュムッケ。心優しい二人の友情と、ポンスの収集品を狙う貪欲な輩の蠢く資本主義社会の諸相を描いた、バルザック最晩年の作品。「小説の異常な情報量。今だったら、それだけで長篇を書けるような話が十もある。」（福田和也氏評）

別巻1　バルザック「人間喜劇」ハンドブック

大矢タカヤス 編
奥田恭士・片桐祐・佐野栄一・菅原珠子・山﨑朱美子＝共同執筆

264頁　3000円（2000年5月刊）◇978-4-89434-180-7

「登場人物辞典」、「家系図」、「作品内年表」、「服飾解説」からなる、バルザック愛読者待望の本邦初オリジナルハンドブック。

別巻2　バルザック「人間喜劇」全作品あらすじ

大矢タカヤス 編　奥田恭士・片桐祐・佐野栄一＝共同執筆

432頁　3800円（1999年5月刊）◇978-4-89434-135-7

思想的にも方法的にも相矛盾するほどの多彩な傾向をもった百篇近くの作品群からなる、広大な「人間喜劇」の世界を鳥瞰する画期的試み。コンパクトでありながら、あたかも作品を読み進んでいるかのような臨場感を味わえる。当時のイラストをふんだんに収め、詳しい「バルザック年譜」も附す。

トルコで記録破りのベストセラー

新しい人生

O・パムク
安達智英子訳

「ある日、一冊の本を読んで、ぼくの全人生が変わってしまった」——トルコ初のノーベル賞受賞作家が、現実と幻想の交錯の中に描く、若者の自分探しと、近代トルコのアイデンティティの葛藤、そして何よりも、抗いがたい「本の力」をめぐる物語。

四六変上製　三四四頁　**二八〇〇円**
（二〇一〇年八月刊）
◇978-4-89434-749-6

YENİ HAYAT　Orhan PAMUK

パムク文学のエッセンス

父のトランク
〈ノーベル文学賞受賞講演〉

O・パムク
和久井路子訳

父と子の関係から「書くこと」を思索する表題作の他、作品と作家との邂逅の妙味を語る講演「内包された作者」、自らも巻き込まれた政治と文学の接触についての講演「カルスで、そしてフランクフルトで」、佐藤亜紀氏との来日特別対談、ノーベル賞授賞式直前インタビューを収録。

B6変上製　一九二頁　**一八〇〇円**
（二〇〇七年五月刊）
◇978-4-89434-571-3

BABAMIN BAVULU　Orhan PAMUK

作家にとって決定的な「場所」をめぐって

イスタンブール
〈思い出とこの町〉

O・パムク
和久井路子訳

画家を目指した二十二歳までの〈自伝〉と、フロベール、ネルヴァル、ゴーチエら文豪の目に映ったこの町、そして二百九枚の白黒写真——失われた栄華と自らの過去を織り合わせながら、胸苦しくも懐かしい「憂愁」に浸された町を描いた傑作。　**写真多数**

四六変上製　四九六頁　**三六〇〇円**
（二〇〇七年七月刊）
◇978-4-89434-578-2

İSTANBUL　Orhan PAMUK

世界的評価を高めた一作

白い城

O・パムク
宮下遼・宮下志朗訳

人は、自ら選び取った人生を、それがわがものとなるまで愛さねばならない——十七世紀オスマン帝国に囚われたヴェネツィア人と、彼を買い取ったトルコ人学者。瓜二つの二人が直面する「自分とは何か」という問いにおいて、「東」と「西」が鬩ぎ合う。著者の世界的評価を決定的に高めた一作。

四六変上製　二六四頁　**二二〇〇円**
（二〇〇九年一二月刊）
◇978-4-89434-718-2

BEYAZ KALE　Orhan PAMUK